PUBLIKATIONEN DER
EUGEN-GUTMANN-GESELLSCHAFT
BAND 12

Tischtennis-Gruppe des Bankvereins Westdeutschland, 1955.

Fit for Finance –
Betriebssport in der Commerzbank und der Dresdner Bank

Von den Anfängen bis zu den ComGames 2017

von Sina Bohnen

Herausgegeben von der Eugen-Gutmann-Gesellschaft Dresden 2018

Inhalt

1

Prolog: Herbert M. Gutmann als Förderer des deutschen Golfsports

Als einer der ersten sportbegeisterten Persönlichkeiten der Dresdner Bank und Förderer des deutschen Golfsports in der Weimarer Republik gilt Herbert Max Gutmann (1879–1942), der Sohn Eugen Gutmanns, des Mitgründers der Dresdner Bank. Wie auch sein Vater verfolgte Gutmann eine berufliche Laufbahn im Bankgeschäft und wurde später Direktor der Dresdner Bank und Mitbegründer der Deutschen Orientbank. Neben seiner Tätigkeit als Bankier entwickelte er bereits in jungen Jahren eine besondere Leidenschaft für den in Deutschland Ende des 19. Jahrhunderts noch kaum etablierten Golfsport.[1]

1903 zog Gutmann im Alter von 24 Jahren nach London, um als stellvertretender Direktor die hier seit 1885 bestehende Filiale der Dresdner Bank zu leiten. Während dieser Londoner Jahre ließ er sich vom englischen Lebensstil inspirieren und widmete sich in seiner Freizeit dem englischen Polo- und Golfspiel. Nach seiner Rückkehr aus England und der Berufung in den Vorstand der Dresdner Bank bezog er mit seiner Ehefrau Daisy im Jahre 1919 eine herrschaftliche Villa in Potsdam, den nach ihm benannten „Herbertshof".[2] Hier ließ sich der leidenschaftliche Sportler in den 1920er Jahren sogar eine eigene Turnhalle, einen Tennisplatz und einen Steg für Wassersportaktivitäten bauen, was den damaligen Zeitgeist des Körperbewusstseins unterstrich.[3]

Um auch seiner Begeisterung für den Golfsport weiter nachgehen zu können, engagierte sich Gutmann im „Golf Club Berlin", der 1895 von britischen und amerikanischen Diplomaten in Berlin-Westend gegründet worden war. Unter der Präsidentschaft Gutmanns wurde dieser am 24. Februar 1924 in „Golf- und Land-Club Berlin-Wannsee e.V. (GLCBW)" umbenannt und erhielt zwei Jahre später eine neue Golfanlage mit Clubhaus in exklusiver Lage am Wannsee. Für die Finanzierung dieses Großprojekts nutzte Gutmann seine zahlreichen Kontakte zu Großindustriellen und Bankiers, die er als Mitglieder gewinnen und davon überzeugen konnte, ihm zinslose Darlehen von je 10.000 Reichsmark (RM) zur Verfügung zu stellen. Zudem zahlten neue Mitglieder die beträchtliche Aufnahmegebühr von 1.000 RM und einen jährlichen Mitgliedsbeitrag von 300 RM. In den folgenden Jahren sollte der Golfclub so zu einem gesellschaftlichen Zentrum für das Berliner Wirtschaftsbürgertum avancieren, als mondäner Austragungsort für nationale sowie internationale Golfturniere dienen und Mittelpunkt der deutschen Golfszene werden.[4]

Herbert Gutmann
(1879–1942) förderte
die Verbreitung des
Golfsports in Deutschland
und begeisterte auch
seine Familie für diesen
Sport (Fotos aus dem
Jahr 1927).

Es war jedoch nicht nur das sportliche Interesse am Golfspiel, sondern insbesondere dessen soziale Bedeutung, die Gutmann dazu veranlassten, sein ehrenamtliches Engagement in diesem Bereich weiter auszubauen: Einerseits genoss er die mit dem Golfsport verbundene Clubgeselligkeit und Kontaktpflege, andererseits war es ihm ein Anliegen, den Golfsport – wie in den angelsächsischen Ländern bereits üblich – auch einem breiteren Publikum zu eröffnen und ihn in Deutschland flächendeckend zu etablieren: „Der Golfsport ist leider in Deutschland und besonders in Berlin noch wenig eingebürgert, im Gegensatz zu England und Amerika, wo Tausende öffentlicher und privater Golfclubs bestehen, und wo reich und arm mit gleicher Leidenschaft spielt."[5] Gutmann erkannte die Pionieraufgabe für den GLCBW und bot den alten Golfplatz im Berliner Westend als Modell für jedermann zu einem preiswerten Mitgliedsbeitrag an.[6] Auch hoffte er, dass die Kommunen in Berlin „sich auch einmal für Golf begeistern und den edlen Sport nach dem Vorbild Englands und Amerikas weiten Volkskreisen erschließen"[7] und kommunale Golfplätze errichten. Zudem sah er im Golfsport einen idealen Ausgleich zum Berufsleben, indem er betonte, „welche Wohltat es für arbeitende Menschen [sei], die [...] den ganzen Tag sitzend verbringen, [...] in schöner frischer Luft ohne körperliche Anstrengung dem Balle nachzugehen und seine Sorgen zu vergessen."[8]

1928 wurde Gutmann schließlich zum Präsidenten des Deutschen Golf Verbandes (DGV) gewählt, für den er bereits zwei Jahre zuvor die „German Open" ins Leben gerufen hatte und dem er ein neues Logo in den Farben Grün-Schwarz-Silber verlieh. Ob die Farbauswahl an die der Dresdner Bank angelehnt war, ist nicht bekannt. Doch sicher ist, dass die Farben Grün und Weiß bis heute das Logo des Golf- und Land-Clubs Berlin-Wannsee zieren.

Aktuelles Logo des Golf- und Landclubs Berlin-Wannsee.

2

Anfänge des Betriebssports in der Weimarer Republik

Nach dem Ersten Weltkrieg erlebte der Sport in Deutschland trotz der schwierigen politischen, wirtschaftlichen und sozialen Lage während der Weimarer Republik einen enormen Aufschwung: Sport wurde zur Massenbewegung, zahlreiche Sportvereine entstanden und ihre Mitgliederzahlen nahmen stetig zu. Als eine Gegenbewegung zur Industrialisierung und den tiefgreifenden strukturellen Veränderungen in der Wirtschaft der Nachkriegsjahre wurden sportliche Aktivitäten zusehends als Erholung und Ausgleich zur täglichen Arbeit angesehen.[9] Die aufblühende Sportbegeisterung und der vorherrschende Zeitgeist eines ausgeprägten Körperbewusstseins machten zu Beginn der Weimarer Republik auch vor den Toren der Betriebe und Wirtschaftsunternehmen nicht halt, sodass der Gedanke des Betriebssports[10] in dieser Zeit seinen Ursprung fand.

Insbesondere in Berlin, dem damaligen Sitz der Hauptzentralen der Dresdner Bank sowie der Commerz- und Privat-Bank[11], weitete sich die Sportbegeisterung in rasanter Weise aus. Als größte europäische Industriestadt war Berlin in der Weimarer Republik nicht nur Zentrum internationaler Wirtschaftsbeziehungen, sondern avancierte auch zum Austragungsort regionaler, nationaler und später auch internationaler Wettkämpfe und großer Sportereignisse, über die in allen Zeitungen und im Rundfunk berichtet wurde.[12]

So wurde Anfang der 1920er Jahre in Berlin auch der Grundstein für den Betriebssport bei der Dresdner Bank gelegt: Mit dem Ziel, möglichst viele Angestellte des Finanzinstituts für den Sport zu begeistern, wurde die „Sport-Vereinigung Dresdner Bank e.V." als erste Betriebssportgesellschaft der Berliner Großbank am 8. August 1924 gegründet und unter der Nummer 4547 in das Vereinsregister des Amtsgerichts Berlin eingetragen.[13]

Einige Wochen zuvor hatte der damalige Oberbürgermeister der Stadt Berlin, Gustav Böß, erstmals zu einer großen „Industriestaffel" aufgerufen, an der sich Angestellte von staatlichen und städtischen Behörden, Banken und Industriebetrieben beteiligen konnten. Böß war es ein Anliegen, insbesondere die Privatwirtschaft von seinen Initiativen zur Sportförderung zu überzeugen, indem er stets „die ökonomischen Vorteile gesunder und leistungsfähiger Arbeitskräfte und die langfristige Rentabilität der Investitionen in den Sport"[14] betonte. Die am 21. Juni 1924 ausgetragene „Industriestaffel" führte mitten durch die Stadt und bot den Unternehmen attraktive Präsen-

Commerzbank-Läufer nahmen auch an den Berliner „Industriestaffeln" teil, hier eine Gruppe im Passage-Kaufhaus, 1920er Jahre.

tations- und Werbemöglichkeiten, da Tausende Zuschauer die Sportveranstaltung mit Spannung verfolgten und die Berliner Presse ausführlich über das Ereignis berichtete. Jede Männerstaffel musste mit drei Schwimmern, vier Radfahrern, fünf Ruderern und 12 Läufern eine Strecke von 44 Kilometern zurücklegen. Die Frauenmannschaften beteiligten sich jeweils mit drei Schwimmerinnen und 18 Läuferinnen, mussten aber lediglich eine Strecke von 3,9 Kilometern absolvieren.[15] Die Dresdner Bank sowie die damalige Darmstädter und Nationalbank (Danat-Bank) nahmen mit je einer Männermannschaft aus Läufern, Radfahrern, Ruderern und Schwimmern teil. Die Teilnahme war für die Dresdner Bank ausschlaggebend für die offizielle Gründung einer eigenen Sportvereinigung und veranlasste auch Angestellte der Danat-Bank dazu, sich im Oktober 1924 zur „Sport-Vereinigung Danat-Bank" zusammenzuschließen.[16] „Einige sportbegeisterte Helfer hatten sich hinzugesellt, und so ward – mit einem gewissen Siegeswillen – der Start gewagt. Ein verheißungsvoller Beginn, der weitere Kollegen auf den Plan rief"[17], hieß es zur Staffelteil-

Die Herren- und Damen-Hockey-Mannschaften der Dresdner Bank auf dem
Sportplatz Sadowa der Sportvereinigung Dresdner Bank, 1920er Jahre.

nahme in einem Schreiben der Sportvereinigung zum 40-jährigen Jubiläum. Demnach waren es im Jahr 1924 „Männer der Dresdner Bank und der Darmstädter und Nationalbank, die den Gedanken des Sports unter ihren Kolleginnen und Kollegen verbreiten und fördern wollten"[18], obwohl es diesbezüglich bereits im Jahr 1920 erste Bemühungen der Dresdner Bank in Berlin und in anderen Filialen gegeben hatte.

Durch intensive Arbeit und Werbung unter den Kolleginnen und Kollegen wurden bei der Gründung der Sportvereinigung neben den Abteilungen für Radfahren, Rudern und Schwimmen noch weitere Sportabteilungen wie Boxen, Fechten, Fußball, Gymnastik, Handball, Hockey, Jiu-Jitsu[19], Kegeln, Schach, Segeln, Schießen, Tennis, Turnen und Wandern gebildet, sodass den ersten Mitgliedern ein breites Betätigungsfeld geboten wurde.[20]

Die aktiven Ruderer der Dresdner Bank, die sich nach der Teilnahme an der „Industriestaffel" am 29. Juli 1924 zur ersten Ruderabteilung zusammenschlossen, hatten schon vorher in verschiedenen Rudervereinen Berlins trainiert, so auch im damaligen Ruderverein der Firma Siemens, dessen Ruderheim und Bootshaus sich seit 1921 auf der Flussinsel Pichelswerder im Berliner Bezirk Spandau befand.[21]

In den ersten Monaten nach Gründung der Ruderabteilung waren die Mitglieder auch weiterhin noch auf die Übungsstätten und das Bootsmaterial umliegender Berliner Rudervereine angewiesen. So fand die erste offizielle Mitgliedersitzung 1924 im Bootshaus des Ruderclubs „Hansa" in Alt-Stralau statt, der bereits Ende des 19. Jahrhunderts als Ruderverein für die Angestellten des damaligen Berliner Kaufhauses Nathan Israel gegründet worden war.[22] Während der Sitzung wurden die Vereinskleidung, die Abzeichen der Ruderer sowie die Vereinsflagge beschlossen. Im Januar 1925 erhielt die Ruderabteilung ihre ersten acht Boote, die nach Städten benannt wurden, in denen die Dresdner Bank bereits Niederlassungen besaß. So bestand die erste Bootsflotte der Ruderabteilung aus dem Achter „Dresden", den Vierern „Berlin", „Hamburg", „Essen", „Köln" und „Königsberg", dem Doppelzweier „Stettin" und dem Riemenzweier „Danzig". Diese Tradition sollte sich bei der Namensgebung später angeschaffter Boote fortsetzen.[23]

Es folgte die Errichtung eines eigenen Bootshauses in der Weiskopffstraße in Berlin-Oberschöneweide, im Bezirk Treptow-Köpenick im Südosten Berlins, dessen Bau die Leitung der Dresdner Bank in

Bootshausweihe der Ruder-Abteilung der
Sportvereinigung der Dresdner Bank am 8. August 1925,
Berlin-Oberschöneweide.

Auftrag gegeben hatte und finanzierte. Das neue Bootshaus an der
Spree wurde im August 1925 mit einem „Banken-Jungmannrennen",
an dem auch die Deutsche Bank und die Danat-Bank teilnahmen, fei-
erlich eingeweiht. Mit der Eröffnung des Bootshauses und dem Erhalt
eines eigenen Motorbootes, das von einem Rudermitglied gestiftet
wurde, erfuhr die Ruderabteilung fortan einen hohen Mitgliederzuwachs. Besaß sie bei ihrer Gründung noch 38 Mitglieder, waren es
Ende 1925 schon 106 Mitglieder. Neben der regelmäßigen Teilnahme
an der Berliner „Industriestaffel" bis 1928 bildete vor allem die jähr-
liche „Bankenregatta" zwischen der Dresdner Bank, Deutschen Bank
und Danat-Bank auf dem Müggelsee einen Höhepunkt der Ruder-
saison. Um an den Wettkämpfen des Deutschen Ruderverbandes teilnehmen zu können, schloss sich die Ruderabteilung 1928 dem Verband an und trennte sich ein Jahr später von der Sportvereinigung, um
sich am 15. August 1929 als „Ruder-Club Dresdner Bank e.V." ins
Vereinsregister Berlin eintragen zu lassen.[24]

Bild und Lageplan des Sportplatzes der Dresdner Bank-Sportvereinigung (Sportplatz Sadowa), 1920er Jahre.

Wie in den 1920er Jahren in vielen Betriebssportvereinen von Großunternehmen üblich, investierte auch die Direktion der Dresdner Bank in verstärktem Maße in den Firmensport und stellte ihren Angestellten weitere Übungsstätten und Ausrüstung zur Verfügung.[25]

Nach dem Bau eines eigenen Bootshauses plante die Bank in Berlin die Errichtung einer modernen Sportanlage für Ballsportarten und Leichtathletik. Im Jahr 1925 ging man daher auf die Suche nach einem geeigneten Grundstück. Die Sportanlage sollte nicht unweit des neu eröffneten Bootshauses der Ruderabteilung liegen und mit öffentlichen Verkehrsmitteln gut erreichbar sein. So entschied man sich für eine Fläche in der Nähe des S-Bahnhofs Sadowa im Waldgebiet Wuhlheide in Berlin-Oberschöneweide. Ab Herbst 1926 erfolgte der Bau der aufwändig gestalteten, insgesamt rund 40.000 Quadratmeter großen Sportanlage, die den Sportplatz Wuhlheide, ein „Stadion" und ein Sporthaus umfassen sollte.[26] Die Bezeichnung „Stadion" war in den 1920er Jahren üblich für die Beschreibung von größeren als auch kleineren Sportplätzen für Ball-, Lauf-, und Wurfsportarten.[27] Das 6.000 Quadratmeter große Stadion der Dresdner Bank verfügte über Sprunggruben mit Zuschauerrängen, Lauf- und Wurfflächen, Ballspieltore sowie ein Aborthäuschen. Bereits 1927 wurde es zusammen mit dem Sportplatz, der 21.000 Quadratmeter Rasenfläche für Leichtathletik und Ballspielarten bot, eröffnet. Im Sporthaus stellte die Sportvereinigung ihren Mitgliedern ausreichend Umkleidekabinen und Sanitäreinrichtungen mit Warmwasser zur Verfügung. Zudem sorgte eine gastronomische Einrichtung für die Verpflegung der Sportler, die auf der großen Veranda mit Tischen und Stühlen genügend Platz fanden und von hier aus einen guten Ausblick auf die imposante, eigens angelegte Ahornallee mit weißen Bänken hatten. Generell hatte man viel Wert auf eine aufwändige Bepflanzung der Sportanlage gelegt, sodass ganzjährig zwei Gärtner mit der Instandhaltung der Flächen beschäftigt waren.[28] Architektonisch war das Sporthaus an die typische Bauweise der Berliner Sporthäuser in den 1920er Jahren angelehnt und glich dem Sporthaus des damaligen großen bekannten Sportstadions Lichtenberg und dem des Sportplatzes Hakenfelde in Berlin-Spandau.[29]

Die Förderung des Betriebssportgedankens konzentrierte sich seit 1924 jedoch nicht nur auf Berlin, sondern erstreckte sich auch auf andere deutsche Filialen der Dresdner Bank. Das zunehmend positive Image des Sports in der Weimarer Republik und die Konsolidierung der deutschen Wirtschaft Mitte der 1920er Jahre trugen dazu bei, dass die Bank in verstärktem Maße dem Wunsch ihrer sportambitionierten Angestellten nach einer attraktiven Freizeitgestaltung nachkam.[30] So riefen beispielweise die rheinischen Filialen in Köln und Düsseldorf in den Jahren 1927 und 1928 eigene Sportvereinigungen ins Leben.[31]

Am 14. August 1930 folgte die Gründung der Betriebssportgemeinschaft der Frankfurter Niederlassung unter dem Namen „Dresdner Bank Sportverein (D.B.S.)", zu dessen Gründungsabteilungen Fußball, Leichtathletik, Handball sowie Wandern und Ski gehörten.[32] Die Tatsache, dass alle drei Sportgemeinschaften nicht ins Vereinsregister eingetragen wurden, sollte demonstrieren, „dass die Bank in besonderer Weise die Trägerschaft des Betriebssports [übernahm] und diesen in bedeutendem Maße unterstützt[e]"[33]. Wie die Berliner Hauptzentrale stellte auch die Dresdner Bank in Frankfurt am Main ihren Sportlern einen eigenen Sportplatz, Dusch- und Umkleideräume und einen Raum für Sportgeräte zur Verfügung.[34] Mit der Förderung des Sports unter Kollegen sollte vor allem das Ziel verfolgt werden, das Zusammengehörigkeitsgefühl der Belegschaft zu stärken. Dementsprechend hieß es in der ersten Satzung des D.B.S: „Zweck des Vereins ist, den Angestellten der Dresdner Bank in Frankfurt am Main und der ihr nahestehenden Betriebe, sowie deren Angehörigen Gelegenheit zur Ausübung jeglichen Sportes und zur Pflege kameradschaftlichen Geistes zu geben."[35] Und auch der Dresscode der Sportler war in der Satzung festgelegt. Jedes Mitglied war dazu verpflichtet, bei sportlichen Aktivitäten die Vereinsfarben „Grün-Weiß", die traditionellen Farben der Dresdner Bank, zu tragen. So erkannte man die Leichtathleten und Handballer neben dem Vereinswappen an grüner Hose und weißem Trikot – die Fußballer trugen weiße Trikots mit grünem Kragen.[36]

Seit 1931 lud der D.B.S. zu seinem jährlichen Sportfest ein, bei dem die Angestellten in internen Wettkämpfen in unterschiedlichen Disziplinen der Leichtathletik wie Ballweitwurf, Diskurswerfen, Kugelstoßen, Speerwerfen als auch Weit- und Hochsprung und Laufen gegeneinander antraten. Die Preise für die Siegerehrung wurden von der Direktion der Dresdner Bank und Mitgliedern gestiftet. Den krönenden Abschluss des zweiten Sportfests im Jahr 1932 bildete zudem ein Fußballspiel gegen die „Sport- und Spielvereinigung der Deutschen Bank und Disconto-Gesellschaft Frankfurt a. M.". Neben den Sportfesten des Dresdner Bank Sportvereins, die bis 1940 stattfanden, bildete der Staffellauf „Rund um die Anlage Frankfurt" den jährlichen Höhepunkt der Sportsaison.[37]

Der Aufschwung der Betriebssportvereine seit Mitte der 1920er Jahre führte auch bei der Commerz- und Privat-Bank zu den ersten Anfängen des Betriebssportsgedankens. 1927 gründeten Angestellte der Filiale in Frankfurt eine eigene Abteilung für Faustball, ein besonders in der Weimarer Republik beliebtes Mannschaftsspiel, das Ähnlichkeiten zum Volleyball aufwies.[38] Wie auch bei der Dresdner Bank fand innerhalb der Belegschaft der immer populärer werdende Fußballsport zwischen Arbeitskollegen großes Interesse: So gab es bei der Commerz- und Privat-Bank in Duisburg eine erfolgreiche Fußballmannschaft, aus der sogar Spieler in die deutsche Olympiaauswahl von 1928 berufen wurden. Im Jahr 1930 schlossen sich ferner sportbegeisterte Mitarbeiter der Hauptverwaltung in Berlin zu einer Fußballabteilung zusammen, dem Fußballclub „Hanseatic", der nach der damaligen Telegramm-Adresse der Bank benannt wurde.[39] Im gleichen Jahr entstand auch ein Fußballclub bei der Commerz- und Privat-Bank in Hamburg.[40] Und auch in Leipzig entschieden sich Betriebsangehörige ein Jahr später zur Bildung einer eigenen Fußballmannschaft.[41]

Das Fußball-Team der Commerz- und Privat-Bank Duisburg, 1928.

Satzung des Dresdner Bank Ruder-Clubs e.V. von 1934

Fußball gehörte neben Leichtathletik und Schwimmen auch zu den ersten Sportarten der 1928 in Düsseldorf gegründeten Sportabteilung des Barmer Bank-Vereins. Dieser wurde nach der Bankenkrise von 1931 mit der Commerz- und Privat-Bank verschmolzen.[42] So erhielt die Commerz- und Privat-Bank durch die Fusion im Jahr 1932 ihre erste eigene Sportvereinigung, die den ursprünglichen Namen „Sportclub B.B.D." beibehielt. Dieser war von Fritz Höfermann – ehemaliger Direktor des Barmer Bank-Vereins und von 1952 bis 1958 Vorstandssprecher der Commerzbank[43] in Düsseldorf – am Standort der Hauptzentrale des Barmer Bank-Vereins ins Leben gerufen worden. Seit 1928 hatte der Sportklub, der bis 1933 Mitglied im Fachverband der Deutschen Turnerschaft bleiben sollte, einen hohen Mitgliederzulauf erfahren, sodass sich die Mitgliederzahl in den ersten Jahren bereits auf 160 belief. Zudem gründeten die fußballbegeisterten Angestellten 1931 den eigenen „Fußballverein B.B.D", der sich jedoch bereits kurz nach der Wirtschaftskrise und der Fusion sowie infolge des damit verbundenen Personalabbaus wieder auflösen musste.[44]

Zur gleichen Zeit fusionierte auch die Dresdner Bank mit der Danat-Bank[45], die – wie bereits erwähnt – ebenfalls seit 1924 über eine

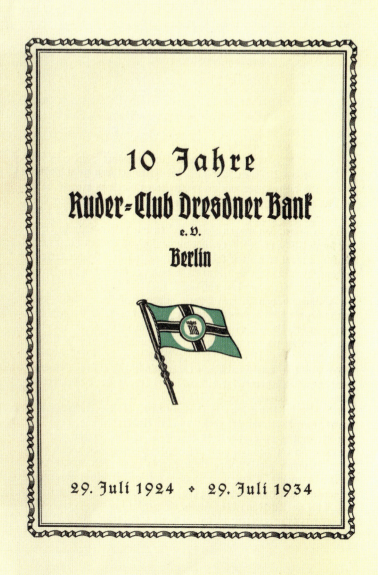

Titelblatt einer Broschüre zum 10-jährigen
Bestehen des Ruder-Clubs, 1934.

eigene Sportvereinigung verfügte. Insbesondere der Betriebssport der Dresdner Bank erfuhr dadurch einen beachtlichen Mitgliederzuwachs. Die Verschmelzung beider Banken im Jahr 1932 stellte daher auch die Organisation der bisherigen Sportvereinigungen vor neue Herausforderungen: Man entschloss sich im gegenseitigen Einvernehmen dazu, beide Sportvereinigungen zusammenzulegen und gründete am 1. Juli 1932 unter neuem Namen die „S.V. Dresdner Bank Berlin". Bereits 1926 hatten sich die beiden Sportvereinigungen der Dresdner Bank und Danat-Bank der „Arbeitsgemeinschaft Berliner Banken-Sportvereine" angeschlossen, die als Startschuss für freundschaftliche Wettkämpfe in allen Sportarten unter den Berliner Großbanken diente. Nach der Fusion wurde die neu gegründete Sportgemeinschaft der Dresdner Bank Mitglied der großen zuständigen Fachverbände.[46] Der Anschluss an die Fachverbände wie beispielsweise dem Verband Brandenburgischer Athletikvereine oder dem Verband Brandenburgischer Ballspielvereine war bei Berliner Betriebssportvereinen im Gegensatz zum Betriebssport in anderen Städten üblich. Die Mitgliedschaft war Grundlage dafür, dass die Betriebssportvereine in Berlin an allen bedeutenden Sportwettkämpfen teilnehmen durften und sich seit den 1920er Jahren zu leistungsstarken Vereinen entwickelten.[47] Wie andere Betriebssportvereine nahm die „S.V. Dresdner Bank Berlin" so auch an den Berliner und Deutschen Leichtathletik-Meisterschaften, am großen Staffellauf „Potsdam-Berlin" als auch an der Grünauer Ruderregatta teil.[48]

Der von Carl Diem, Sportfunktionär und bis 1933 Generalsekretär des Deutschen Reichsauschusses für Leibesübungen (DRA), ins Leben gerufene Staffellauf „Potsdam-Berlin" gehörte seit 1908 zu den werbewirksamen Publikumsmagneten und sportlichen Höhepunkten der Hauptstadt, die in der Weimarer Republik als Zentrum des deutschen Langstreckenlaufs galt. Für die großen Betriebssportvereine war die Auszeichnung zur besten Staffelmannschaft Berlins daher auch ein Prestigegewinn und bot die Chance, ihre Leistungskraft zu demonstrieren. Die Spielregeln waren relativ simpel: Jeder Verein durfte maximal 50 Läufer stellen, die sich auf der 25 Kilometer langen Strecke von der Glienicker Brücke bis zum Brandenburger Tor in beliebigen Abständen verteilten. Die strategisch beste Reihenfolge der Läufer wurde in den Vorbereitungen auf den jährlichen Staffellauf intensiv diskutiert und unterlag strengster Geheimhaltung. Bei einem

Sieg bei „Potsdam-Berlin" kam es daher weniger auf die sportliche Einzelleistung an, sondern vielmehr auf die Leistung und Teamfähigkeit der ganzen Mannschaft.[49] So holten sich die Läufer der S.V. Dresdenia im Jahr 1931 den Sieg.[50]

Zu den bekannten und traditionellen Berliner Sportwettkämpfen im Rudersport zählte zudem die „Grünauer Regatta", an der der Ruder-Club der Dresdner Bank seit 1929 regelmäßig teilnahm. Die Ruderregatta wurde bereits seit 1880 auf dem Langen See in Berlin-Grünau, im Bezirk Treptow-Köpenick, ausgetragen und hatte sich seitdem zu einem sportlichen Großereignis für den Rennrudersport entwickelt.[51] Auf das Rennrudern hatte sich seit seinem Anschluss an den Deutschen Ruderverband auch der Ruder-Club der Dresdner Bank konzentriert und beschäftigte für das Training seiner Betriebssportler sogar einen Berufstrainer. So konnte die Rudermannschaft der Dresdner Bank 1929 und 1931 zwei Siege auf der 2000 Meter langen Strecke der „Grünauer Regatta" erzielen.[52] Als Hochburg für Ruderer sollte Grünau später auch zum Austragungsort für die Ruder- und Kanuwettkämpfe der Olympischen Spiele 1936 avancieren.

Unmittelbar an der Regattastrecke lag das von 1928 bis 1930 vom Architekten Otto Zbrzezny errichtete Sporthaus der Danat-Bank, das nach dem Zusammenschluss beider Banken 1932 nun allen Angestellten der Dresdner Bank und deren Angehörigen als weitere Sportstätte zur Verfügung stand. Mit seiner einzigartigen Lage am Langen See und umgeben von Wäldern diente der moderne und imposante Backsteinbau in der Neuen Regattastraße 13-15 nicht nur dem Sport- und Ruderbetrieb, sondern auch als Ort der Entspannung und des Ausgleichs für Nichtsportler. Das von seinen neuen Besitzern dementsprechend in „Sport- und Erholungsheim der Dresdner Bank" umgetaufte Sporthaus genügte den höchsten Ansprüchen jener Zeit und zeugte von hohen Investitionen, die getätigt worden waren, um eine der modernsten Sportstätten Berlins zu errichten: Im Dachgeschoss befanden sich ein Turnsaal und Gästezimmer, die von Trainingsmannschaften als auch Erholungsbedürftigen genutzt werden konnten. Weitere Schlafräume mit eigenen Bädern und Toiletten lagen im zweiten Obergeschoss. Zudem verfügte das Sporthaus über mehrere, stilvoll eingerichtete Gesellschaftsräume und einen großen Festsaal für Veranstaltungen, der sich über zwei Stockwerke erstreckte und eine aufwändig, mit Sportmotiven verzierte Musikempore besaß.

Berlin-Grünau. Dresdner Bank-Sport- und Erh

Panorama des Gebäudes und der Umgebung des Sport- und Erholungsheims
der Danat-Bank, ab 1932 der Dresdner Bank in Grünau.

Blick auf das Gebäude und die Innenräume des Sport- und Erholungsheims der Danat-Bank bzw. ab 1932 der Dresdner Bank.

Von den zahlreichen Terrassen und einer Glasveranda aus genossen die Sportler der Dresdner Bank den Blick auf die Regattastrecke, Turn- und Tennisplätze und einen eigenen Badestrand. Ein besonderes Highlight für die Ruderer der Bank befand sich außerdem im Erdgeschoss: Neben den Bootshallen, in denen die Ruderboote untergebracht waren, gab es eine moderne Ruderbeckenanlage für Übungszwecke. Weitere Einrichtungen wie ein großzügiger Geräteraum, ein eigener Raum für Massagen sowie Toiletten- und Baderäume vervollständigten die hochwertige Ausstattung des Sport- und Erholungsheims.[53]

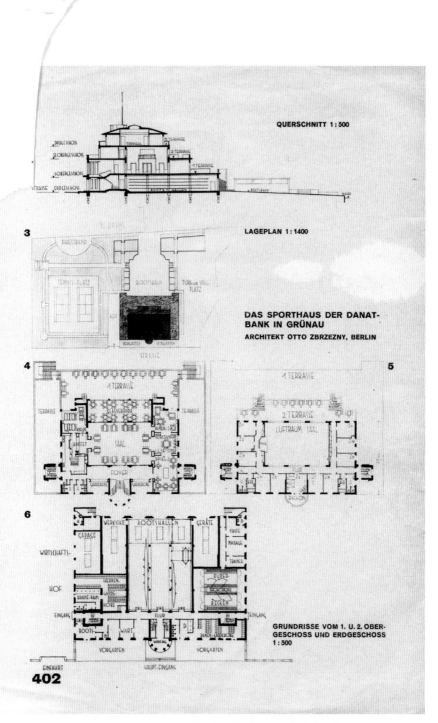

QUERSCHNITT 1:500

3 LAGEPLAN 1:1400

DAS SPORTHAUS DER DANAT-BANK IN GRÜNAU
ARCHITEKT OTTO ZBRZEZNY, BERLIN

4 **5**

6

GRUNDRISSE VOM 1. U. 2. OBER-GESCHOSS UND ERDGESCHOSS
1:500

402

Grundriss des Sport- und Erholungsheims der
Danat-Bank in Grünau, 1930.

3

Betriebssport im Dritten Reich

Zwei Jahre nachdem die Dresdner Bank ihr Sporthaus bezogen hatte, eröffnete 1934 auch die Commerz- und Privat-Bank ihr repräsentatives Sport- und Erholungsheim „Seeschlößchen" am Müggelsee in Berlin-Friedrichshagen.[54]

Zu diesem Zeitpunkt waren die Zeichen der nationalsozialistischen Gleichschaltung bereits unverkennbar: Nach der Machtübernahme der Nationalsozialisten und der Zerschlagung der freien Gewerkschaften wurde die Deutsche Arbeitsfront (DAF) im Mai 1933 als Nachfolgeorganisation der Arbeitnehmerorganisationen gegründet. Anstelle der Gewerkschaften sollte die DAF nicht mehr die Interessen der Arbeiter vertreten, sondern vielmehr eine geschlossene „Volks- und Leistungsgemeinschaft" bilden, „die alle Schaffenden zur höchsten Leistung befähigt, um den größten Nutzen für die Volkswirtschaft zu bewirken"[55]. Das „Gesetz zur Ordnung der nationalen Arbeit" legitimierte ab Januar 1934 die Ziele der DAF und legte die Grundlage für die nationalsozialistische Betriebspolitik, in deren Mittelpunkt die „Betriebsgemeinschaft" stand. Innerhalb der „Betriebsgemeinschaft" erhielt der Unternehmer als „Betriebsführer" gemäß dem Führerprinzip die Befehlsgewalt über seine Arbeitnehmer, die fortan als „Gefolgschaft" bezeichnet wurden. Als einziges Mitwirkungsrecht erlaubte das Gesetz in größeren Betrieben die Bildung eines „Vertrauensrates", der den alten Betriebsrat ersetzte. Mit ausschließlich beratender Funktion durfte sich der Vertrauensrat nur noch sozialpolitischen Angelegenheiten widmen.[56]

So hatte der neu gegründete Vertrauensrat der Commerz- und Privat-Bank, der an die Stelle des Betriebsrates trat, den Vorstand und Aufsichtsrat der Bank von dem Wunsch der Belegschaft nach einem eigenen Sportheim überzeugen können. Und schon bald entstand auf einem geeigneten Grundstück am Müggelsee, auf dem sich ein stillgelegtes Gartenrestaurant mit großer Außenanlage befunden hatte, das neue Sport- und Erholungsheim mit einem großem Sportplatz für Sportarten wie Fußball, Handball, Leichtathletik, Gymnastik und Faustball.[57] 1936 folgten der Bau und die feierliche Einweihung eines modernen Bootshauses für die Ruderer, denen eine breite Auswahl an Segel-, Ruder- und Motorbooten zur Verfügung stand. Ein Doppelvierer wurde bei seiner Einweihung übrigens auf den Namen „Staatsrat Reinhart" getauft, in Anlehnung an den damaligen Aufsichtsratsvorsitzenden Friedrich Reinhart, von 1931 bis 1934 Vorstandssprecher der Bank und seit Juli 1933 Preußischer Staatsrat.[58] Zusammen mit den beiden Vorstandssprechern Dr. Paul Marx und Eugen Bandel sowie Vorstandsmitglied Eugen Boode und dem späteren Personalchef Paul Hampf zählte er zu den größten Förderern des Sport- und Erholungsheims.[59]

Im Sommer bot die exponierte Lage am Ufer des Müggelsees perfekte Bademöglichkeiten. Die große Gartenanlage als auch ein exklusiver Dachgarten mit Liegestühlen sorgten für genügend Platz zum Entspannen. Bei schlechtem Wetter dienten zwei Ping-Pong-Tische in einer überdachten Halle der sportlichen Betätigung. Und auch im Winter mussten die sportaffinen Mitarbeiter nicht auf ausreichend Bewegung verzichten: Auf dem Müggelsee konnten sie Eislaufen, in den nahe gelegenen Wäldern rodeln oder lange Spaziergänge machen.[60]

Wie beim Sport- und Erholungsheim der Dresdner Bank waren auch in Friedrichshagen genügend Übernachtungsmöglichkeiten für längere Wochenend- oder Ferienaufenthalte vorhanden und die Sportanlage stand nicht nur den Berliner Bankangestellten, sondern allen Belegschaftsmitgliedern der Filialen und ihren Angehörigen zur Verfügung. Um dies zu betonen und Verbundenheit mit den Niederlassungen der Bank zu demonstrieren, erhielten die Gästezimmer von Anfang an die Namen der größeren Filialen – wie Hamburg, Frankfurt, Düsseldorf, Leipzig und Nürnberg. Die einzelnen Zimmer waren sogar mit Erinnerungsstücken in Form von Bildern oder Skulpturen der Städte ausstaffiert, die die jeweiligen Betriebsgemeinschaften zur Verfügung stellten: Das Zimmer der Düsseldorfer Filiale zierte bei-

1934 eröffnete das Sport- und Erholungsheim „Seeschlößchen"
der Kameradschaft der Arbeit in der Commerz- und Privat-Bank.

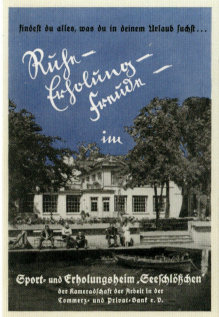

Prospekt des Sport- und Erholungsheims der Commerz- und Privat-Bank
in Berlin-Friedrichshagen am Müggelsee („Seeschlößchen"), um 1934.

spielsweise „ein kleiner Senfkrug mit dem Düsseldorfer Radschläger auf dem Deckel"[61]. Für Mitarbeiterinnen und allein reisende Frauen wurde außerdem ein separates „Landhaus" mit Gästezimmern und eigenen Bädern errichtet. Im großzügigen Hauptgebäude befanden sich zudem zahlreiche Gesellschaftsräume für Feste und Empfänge, ein Speisesaal und ein Billardzimmer.[62] Sehr beliebt bei den Gästen war außerdem der eigens errichtete Musikpavillon im Garten, da hier zu besonderen Anlässen das Orchester der Bank, das auch in der Berliner Philharmonie auftrat, Konzerte gab.[63]

Die Bezeichnung „Sport- und Erholungsheim" machte bei beiden Banken seinem Namen alle Ehre: Hier sollten die Betriebsangehörigen Freude, Geselligkeit und Kameradschaft erleben, aber auch die nötige Erholung und Ausgleich von der täglichen Arbeit finden. Der „Arbeitskamerad", der seit 1934 als Organ für die Betriebsangehörigen der Commerz- und Privat-Bank von der Nationalsozialistischen Betriebszellenorganisation (NSBO) herausgegeben wurde, warb daher regelmäßig mit großen Anzeigen für das neue Sport- und Erholungsheim in Friedrichshagen.[64] Im nationalsozialistisch geprägten Jargon hieß es auch in Anbetracht des Mythos der „Betriebsgemeinschaft": „Es gibt keinen Unterschied; wer zu mir kommt, ist nur Kamerad, gleich, ob er den kleinsten oder den verantwortungsvollsten Posten im Dienste der Bank bekleidet. Hier seid ihr Volksgenossen, die alle das gleiche suchen und finden: Freude und Erholung!"[65]

Mit einem jährlichen Zuschuss finanzierte die Commerz- und Privat-Bank das Sport- und Erholungsheim und stiftete die Anschaffung der Sportgeräte und des Bootsmaterials; die Mitarbeiter sollten nur einen „geringen freiwilligen Betrag monatlich dazu beisteuern"[66]. Die Verwaltung übernahm die eigens dafür gegründete „Kameradschaft der Arbeit in der Commerz- und Privat-Bank", deren Vorsitz dem Betriebszellenobmann und Mitglied des Vertrauensrates, Walter Sellnow, übertragen wurde.[67]

Auf Initiative der „Kameradschaft der Arbeit" gründete sich zeitgleich auch die erste Betriebssportgruppe der Berliner Zentrale, die den Namen der bereits 1930 ins Leben gerufenen Fußballabteilung „Hanseatic" übernahm. Die Sportvereinigung „S.V. Hanseatic" umfasste neben der Fußballmannschaft zunächst Abteilungen für Handball, Leichtathletik, Rudern, Schießen und Schwimmen – ab 1936 auch für Tischtennis, Tennis und Schach. Und auch immer mehr Frauen beteiligten sich zusehends am Betriebssport und schufen

Gemeinſchaftsgeiſt und Kameradſchaft!

In Münſter i. W. hat die vorbildliche Zuſammenarbeit von Betriebsführer und Gefolgſchaft einen großen Erfolg errungen. Nach vielen Mühen und intenſiver Mitarbeit aller dortigen Arbeitskameraden wurde ein Waſſerſportheim geſchaffen, das im Juni ſeiner Beſtimmung übergeben werden konnte. Wir glauben gern, daß ſich die Arbeitskameraden über die gelungene Arbeit freuen und ſind der Ueberzeugung, daß der Kameradſchaftsgeiſt hierdurch bedeutend gefördert worden iſt.　　　　　　　　　**Die Schriftwaltung.**

Das neue Waſſerſportheim

Gemeinſchaftsgeiſt war der Vater des Gedankens, der dazu führte, für die Betriebsgemeinſchaft der Filiale Münſter an der Werſe ein Waſſerſportheim zu erwerben. Kameradſchaft ließ die Mühen und Opfer, die mit Erwerbung und Einrichtung verbunden waren, zur Freude werden. Die ganze Betriebsgemeinſchaft ſtand zuſammen zur Vollbringung des Werkes, jedes Gefolgſchaftsmitglied trug nach ſeinen Kräften dazu bei, die Betriebsführung lag immer vorn in der Leiſtung, und, wer ſollte es glauben, die (vielgeläſterte?) Zentrale, von wo die böſen Reviſoren und die vielen Rundſchreiben kommen, überraſchte unaufgefordert und unerwartet mit einem guten Finanzierungsplan.

Am Feierabend wurde geſchafft zur Einrichtung und Verſchönerung des Sportheims und ſeiner Umgebung. Da wurde geplant, geſchanzt und gerammt, Holz gefällt und Sträucher gerodet, gehämmert, gebaſtelt und geſchrubbt und jeden Abend nach getaner Arbeit gebadet, geſchwommen und geplanſcht. Stolz belehrten ehemalige Arbeitsdienſtler ihre Arbeitskameraden in der Handhabung des Spatens, ein ehemaliger Front-

ſoldat zeigte den Bau einer Sitzbank „Original Waldlager Verdun". Kameradſchaft und Gemeinſchaftsgeiſt gaben Frohſinn, Freude und Erholung.

Lachender Sonnenſchein, helle Kleider und frohe Menſchen: das iſt Sommer. Freudig und feſtlich geſtimmt nahm am 12. Juni die Filiale Münſter die Einweihung ihres Waſſerſport- und Erholungsheims vor. Mit Maiengrün und Hakenkreuzfähnchen geſchmückt empfing das Waſſerſportheim die Betriebsgemeinſchaft. Betriebsführer Hecker hielt die Weiherede. Er ſtreifte die Vergangenheit, die ſchlimme Zeit des Verfalls und der Zwietracht, er ſtellte ihr gegenüber die Zeit nach 1933, die Zeit des Aufbaus und der Volksgemeinſchaft. Dank an den Führer und Zuſicherung weiterer freudiger Mitarbeit war am Schluſſe ſeiner Rede Gelöbnis und Aufforderung.

Die Deutſche Arbeitsfront ließ durch Kreisbetriebsgemeinſchaftswalter Pg. Werner der Commerz- und Privat-Bank die herzlichſten Glückwünſche ausſprechen zu dem ſchönen Sportheim, das der Kameradſchaft und der Erholung dienen ſolle. Pg. Werner hob beſonders hervor, daß die Commerz- und Privat-Bank Münſter die erſte Großbankfiliale im ganzen Gau ſei, die ſich ein Sportheim geſchaffen habe.

Schlüſſelübergabe an den Betriebsobmann, Flaggenparade und Siegheil auf den Führer beſchloſſen den Einweihungsakt.

Das Waſſerſportheim liegt in einem Eichenwalde an der Werſe, etwa 5 Kilometer von der Betriebsſtätte entfernt, mit Fahrrad, Omnibus und Eiſenbahn nach Feierabend bequem zu erreichen. Zwei Boote, eines für Familien (bis zu 6 Perſonen), eines für ſolche, die noch Familie werden wollen (nur für 2 Perſonen), Liegeſtühle zum Liegen, Leſen, Träumen, Nichtstun, Gelegenheit zum Schwimmen, Baden und Planſchen, Schaukel für große und kleine Kinder, und dieſes und noch viel mehr bietet das Waſſerſportheim.

Die Inſchrift auf der Giebelwand:

Waſſerſport- und Erholungsheim
der Gefolgſchaft der Commerz- und Privat-Bank Aktiengeſellſchaft
Filiale Münſter i. W.

kündet ſtolz und verpflichtend von Gemeinſchaftsgeiſt und Kameradſchaft in der Commerzbank.

Erholung, Freude und Frohſinn ſoll das Waſſerſportheim geben, Vertiefung des Gemeinſchaftsgeiſtes und der Kameradſchaft ſollen die bleibenden Werte ſein.

Nach der Einweihung folgte ein Kameradſchaftsabend mit Frohſinn, Lachen und Gemütlichkeit.

Eingeleitet mit einer Rede und einem Abendeſſen, fortgeſetzt mit Geſang, Vorträgen und Tanz; die verbindenden Worte ſprach der „Kraft - durch - Freude" - Wart, Arbeitskamerad Gorſchlüter, die verbindenden Pauſen

Ein Teil der Belegſchaft

Bei der Einweihung des Sportheims
Arbeitskamerad Gorſchlüter hißt
zum erſten Mal die Fahne

Aufnahmen: Gorſchlüter und Nerkamp

Auf der Veranda

134

Berichte in der Commerzbank-Betriebszeitschrift „Der Arbeitskamerad" über
Aktivitäten der Betriebssportgemeinschaften in Münster …

Gruppen für Gymnastik und Volkstanz sowie eigene Damenmannschaften im Rudern, Tennis, Tischtennis und Schwimmen. Von Anfang an nahm die „S.V. Hanseatic" als einer der großen Banksportvereine auch an vielen lokalen Wettkämpfen teil: So bestritten die Handballer diverse Verbandsspiele gegen Berliner Sportvereine, beispielsweise gegen den Turn- und Sportverein Wilhelmshagen oder

… Hannover …

die Turngemeinschaft Schöneweide. Die Fußballer spielten gegen Vereine wie Askania Köpenick oder den Woltersdorfer SC und die Leichtathleten nahmen mit Staffelmannschaften an Sportfesten und Straßenläufen teil.[68] Und auch die Tischtennisabteilung, die ein Jahr nach Gründung schon über drei Männermannschaften und eine Damenmannschaft verfügte, beteiligte sich mitunter an Rundenspielen des Deutschen Tischtennis-Verbandes.[69] Viele Angestellte hatten schon „seit Jahren Leibesübungen in öffentlichen Turn- und Sportvereinen"[70] in Berlin betrieben, sodass sich die neu geschaffene Betriebssportvereinigung schnell großer Beliebtheit und regem Zulauf erfreute.[71] Da ein Großteil der jüngeren Mitarbeiter beispielsweise der Dresdner Bank aus ledigen oder kinderlosen Ehepaaren bestand, wurden solche Freizeitangebote gerne angenommen. Dies erleichterte den Bankinstituten dann auch die auf die NS-Ideologie ausgerichtete Förderung der „Betriebsgemeinschaft" insgesamt.[72]

... und Dortmund
(1937 und 1938).

Die Fußballmannschaften der Dresdner Bank
und der Barclays Bank, 1938.

Ebenfalls wie die „S.V. Hanseatic" bildete 1934 die Frankfurter Filiale
der Commerz- und Privat-Bank auf Wunsch ihrer Angestellten eine
eigene Sportvereinigung, zu deren Gründungsabteilungen auch eine
eigene Gymnastikgruppe für Frauen sowie die beliebten Sportarten
Fußball, Handball und Leichtathletik gehörten. In den Folgejahren
sollten sich durch die finanzielle Unterstützung der Hauptverwaltung
in Berlin viele weitere Sportvereinigungen der Bank, unter anderem in
Hamburg, Dortmund, Hannover und Münster etablieren.[73]

Das tägliche Sportprogramm absolvierten die Frankfurter Betriebssportler zunächst im bekannten Waldstadion im Stadtwald,
das 1935 von den Nationalsozialisten in „Sportfeld" umbenannt
wurde. Doch schon kurz nach der Gründung zogen die Sportler aus
finanziellen Gründen auf die Sportanlage „Sandhöfer Wiese" in
Frankfurt-Niederrad um und schlossen sich der „Sportvereinigung
Frankfurt a. M. 1930" an. Auch in Frankfurt gehörte Fußball zu den
beliebtesten Sportarten, sodass sich hier sogar recht bald eine eigene
Senioren-Mannschaft der Herren gründete. Der Ballsport war zudem
besonders beliebt, da er sich bestens dazu eignete, sich gegen andere
Filialen oder Mannschaften anderer Bankenvereine zu profilieren.

Wir erlauben uns,

Herrn Bernhard Fähnrich

zu dem anläßlich des Internationalen Fußballkampfes

Barclays Bank A. F. C., London —

S. V. Dresdner Bank, Berlin

am Sonnabend, dem 29. Januar 1938, um 20,00 Uhr im

Kaiserhof, Wilhelmplatz

stattfindenden Empfang mit Abendessen

ergebenst einzuladen.

Anzug: Smoking oder dunkler Anzug

U. A. w. g.
unter Benutzung der beiliegenden Karte
bis spätestens Donnerstag, den 27. Januar

Der Vorstand der

DRESDNER BANK

Einladung zum Empfang nach
dem Fußballspiel.

So wurde das erste Freundschaftsspiel gegen die Frankfurter Fußballer der Dresdner Bank – der damaligen Konkurrenz – zu einem richtigen Ereignis, zu dem „eine stattliche Anzahl von Zuschauern erschien […], um ihrer Mannschaft den notwendigen Rückhalt zu geben"[74]. Die Dresdner Bank gewann mit 2:1.

An internationalen Freundschaftsspielen der besonderen Art nahmen im Jahr 1938 die Spieler des Fußballklubs der „S.V. Dresdner Bank Berlin" teil. Sie spielten gegen die Fußballmannschaft der Londoner Barclays Bank Ltd., mit der die Dresdner Bank zur beruflichen Fortbildung ihrer Beamten bis 1939 einen regelmäßigen Personalaustausch pflegte.[75] Auf Einladung des Vorstandsmitglieds Dr. Karl Rasche reiste die Mannschaft des Fußballclubs „Barclay's Bank A.F.C." zunächst nach Berlin, wo das Spiel vor knapp 5.000 Zuschauern auf dem Rasenplatz des Berliner Fußballvereins Hertha BSC stattfand. Obwohl die Dresdner Banker das Hinspiel in Berlin 6:2 als auch das Rückspiel in London wenige Monate später 3:0 verloren, markierten die Freundschaftsspiele einen Höhepunkt in den sportlichen Beziehungen zu ausländischen Bankmannschaften.[76]

Nachklänge zur Olympiade

Drei junge Menschen unter hunderttausend
Olympia-Eindrücke einer Dresdener Arbeitskameradin

Die Betriebsführung der Abteilung Waisenhausstraße der Dresdner Bank, Dresden, hat uns einen Ausschnitt aus den Dresdner Nachrichten eingesandt, in welchem eine ihrer Mitarbeiterinnen ihre Eindrücke von dem Besuch der Olympiade zusammengefaßt hat. Die Schilderung ist so frisch und ansprechend, daß wir sie unseren Gefolgschaftsmitgliedern gern zur Kenntnis bringen.

Osttunnel, Reihe 28, Sitz 1 bis 3.

Da sitzen wir an diesem unvergeßlichen Sonntag der Olympischen Spiele im Stadion nebeneinander, drei junge Menschen unter 100 000 anderen, vom Zufall dorthin geweht. Die Fahnen der Nationen um uns knattern im Wind, farben leuchten auf der Kampfbahn, darüber blauer Himmel und Sonnenschein — wir sehen und erleben es gemeinsam heute, an diesem einen Tag in unserem Leben.

Das Mädel neben mir hat die Hände um die Knie gefaltet, sitzt regungslos, schaut und schaut, und der lange, braungebrannte junge Mann auf der anderen Seite ballt die Fäuste vor Erregung um seinen Olympia-Führer. Etwas Gemeinsames ist mit diese beiden, spüre ich. Nicht die beschauliche, genießerische Freude des bloßen Zuschauers. Eine leidenschaftlichere und ungestümere Art des Aufnehmens ist es.

Wie halbverdurstete, so trinken sie die Tausendfältigkeit der Eindrücke in sich hinein.

„Wie schön", sagt das Mädel endlich aufseufzend und sieht mich strahlend an. „Wunderbar hatte ich's mir ja schon immer ausgemalt die Jahre zuvor. Aber so, wie es einem nun tatsächlich begegnet — nein, das war unvorstellbar. Und daß man jetzt so selbstverständlich hier sitzt, alles miterlebt und sieht mit seinen eigenen Augen, ist ja das Wunderbarste daran!"

Achtung! Der letzte der 100-Meter-Zwischenläufe wird angesagt. Wieder kauern die Läufer der Nationen geduckt am Start, während das Brausen der Menge verstummt — ein Schuß — sie schnellen aus ihren Startlöchern. Das Stadion ist eine einzige Brandung. Wo ist Deutschland? Borchmeyer, Borchmeyer . . . Wir drei schreien mit, wir trommeln mit den Händen auf den Sitz, der Deutsche liegt vorn, läßt den Engländer, den Kanadier hinter sich, geht als Erster durchs Ziel. Jubel bricht los. Dann verkündet der Lautsprecher das Ergebnis: 10,5 Sekunden. Wir notieren eifrig. Hurra, Borchmeyer!

„Sie sind Hamburgerin", frage ich, „der Sprache nach?" „Nein", lacht meine Nachbarin,

„ich komme geradeswegs aus Argentinien!"

und freut sich an meinem verblüfften Gesicht. „Und da sprechen Sie so fabelhaft Deutsch?" „Aber ja, das wäre ja noch schöner, wie doch Deutsch!" gibt sie fast entrüstet zurück. „Meine Eltern sind beide aus Hamburg. Und jetzt bin ich endlich auch einmal hier. Gerade jetzt — Sie ahnen ja nicht, was das für mich bedeutet!"

Ich muß einen Augenblick nachdenken. Ich muß mir erst einmal vorstellen, wie das ist: aufwachsen in einem anderen Land, groß werden mit der von den Eltern vererbten geheimen Sehnsucht nach Deutschland im Blute und nun plötzlich das hier zu erleben: olympisches Deutschland!

„Ihnen gefällt es also bei uns?" Eine törichte Frage, denke ich gleich darauf. Sie sieht still vor sich hin, sagt dann langsam und rückerinnernd: „Ich bin durch ganz Deutschland gereist, durch Bayern, Franken, den Rhein herauf. Stellen Sie sich vor, ich hatte bis dahin noch nie einen deutschen Wald, eine deutsche Landschaft gesehen. Deutschland ist das s c h ö n s t e L a n d d e r W e l t. Wie ich Sie beneide, daß Sie immer hier sein dürfen . . ."

Ich habe es gemerkt, wie gespannt der junge Mann die ganze Zeit zugehört hat. „Ja", nicht er jetzt nur. „Oh, Sie auch", strahlt Argentinien, „Sie sind auch von draußen?"

„Ich bin Sudetendeutscher",

sagt er abweisend, und sein verschlossenes Gesicht verdunkelt sich einen Augenblick. Aber dann haben wir eine ganze Weile keine Zeit mehr zum Reden, die Entscheidungskämpfe der Frauen im Speerwerfen werden immer spannender, wir haben nur ein gemeinschaftliches Fernglas, einer reißt es dem anderen aus der Hand. Bei jedem gelungenen Wurf schreit der Sudetendeutsche begeistert Ha! und schlägt sich aufs Knie. „Die schaut's jetzt aan, paßt's auf, jetzt werft wieder die Fleischer . . . gut der Anlauf . . ., holt, nur jetzt nit abbremsen . . ., herrlich der flüssige Schwung . . .", halten's den Daumen, daß es eine Goldene wird!" Wir haben die Daumen

Unser Arbeitskamerad Reinhold Schmidt, Berlin, übernimmt die Fackel auf Berliner Gebiet.　　Phot.: Rich. Schulze

152

Berichterstattung der Dresdner Bank-Betriebszeitschrift „Betriebsecho"
über die Olympiade in Berlin 1936. Reinhold Schmidt,
damaliger Vorsitzende der Berliner „Sportvereinigung Dresdner Bank",
trägt die Olympische Fackel zum Berliner Olympiastadion.

Das sogenannte Fremdenbüro der
Commerzbank Unter den Linden
mit olympischer Beflaggung,
1936.

Fremdenbüro der Commerzbank
Unter den Linden, 1939.

Neben Freundschaftsspielen gegen andere Sport- und Bankenvereine erfreuten sich bei beiden Banken vor allem auch interne Wettkämpfe gegen die eigenen Filialen und große Sportveranstaltungen wie die jährlichen Sportfeste wachsender Beliebtheit. So veranstaltete die Sportvereinigung Dresdner Bank in Berlin jedes Jahr ein großes internes Herbstsportfest auf dem Sportplatz Wuhlheide.[77] Und auch die Filialen im Rheinland riefen ihre Belegschaft alljährlich zu sportlichen Veranstaltungen auf: Im Rheinstadion in Düsseldorf nahmen 1935 beispielsweise etwa 300 aktive Sportlerinnen und Sportler aus den Filialen in Düsseldorf, Duisburg, Essen, Köln, Krefeld, Mönchengladbach, Rheydt, Remscheid und Wuppertal am Sportfest der Düsseldorfer Sportvereinigung Dresdner Bank teil.[78]

Das Jahr 1936 stand bei den Sportlern der Dresdner Bank ganz im Zeichen der Olympischen Sommerspiele, die vom 1. bis 16. August 1936 in Berlin ausgetragen wurden.[79] In Vorfreude auf das Großereignis lud die Dresdner Bank-Filiale in Mönchengladbach im Mai zunächst zu einem olympischen Sportfest ein, an dem sich auch diesmal wieder einige „Filialen des Westens" aus Aachen, Bochum, Düsseldorf, Essen, Köln und Krefeld mit über 100 sportbegeisterten Angestellten beteiligten.[80] Zur Eröffnung der Olympiade durfte der damalige Vorsitzende der Berliner „Sportvereinigung Dresdner Bank", Reinhold Schmidt, an der Staffel teilnehmen, die die Olympische Fackel zum Berliner Olympiastadion trug.[81] Zudem gastierte die italienische Rudermannschaft während der Spiele im Sport- und Erholungsheim in Grünau und einige Mitarbeiter der Berliner Filiale

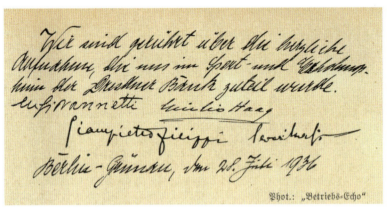

Phot.: „Betriebs-Echo"

Die italienische Olympia-Rudermannschaft zu Gast im Sport- und Erholungsheim der Dresdner Bank in Grünau (Widmung im Gästebuch).

Vom Empfang der italienischen Ruderer

Italienische Olympia-Ruderer — Gäste der Dresdner Bank in Grünau

Eine erwartungsvolle Spannung lag über den Arbeitskameradinnen und -kameraden, die sich am 28. Juli gegen 9 Uhr vormittags im Sport- und Erholungsheim Grünau versammelt hatten, denn es galt, Olympiagäste, die italienische Rudermannschaft, willkommen zu heißen. Die Dresdner Bank hat in großzügiger Weise den italienischen Olympia-Ruderern für die Dauer ihres Berliner Aufenthalts Gastrecht in unserem schönen Grünauer Heim gewährt.

Der Ruderklub Dresdner Bank und die Damenruderriege hatten in stattlicher Anzahl Aufstellung genommen, und der Musikzug der Betriebsgemeinschaft unserer Bank empfing die italienischen Gäste, als sie gegen 11 Uhr nach dem Empfang im Berliner Rathaus durch den Staatskommissar Dr. Lippert eintrafen, mit dem italienischen Königsmarsch und der faschistischen Hymne. Zur Begrüßung hatten sich u. a. der Betriebsführer der Dresdner Bank, Direktor Dr. S ch i p p e l, und viele andere Arbeitskameraden eingefunden, auch das „Betriebs-Echo" war natürlich vertreten.

Auf das Kommando „Heißt Flagge" stieg unter den Klängen der Giovinezza die italienische Flagge am Mast empor. Die gleiche Huldigung wurde mit dem Horst-Wessel-Lied unserer deutschen Flagge erwiesen. Darauf wandte sich Dr. S ch i p p e l mit herzlichen Begrüßungsworten an die ausländischen Gäste, denen er deutsche Gastfreundschaft in unserem Grünauer Heim zusicherte. Er schloß seine Rede mit einem Hoch auf den König

von Italien und den Duce. Nach der Übersetzung seiner Ansprache durch A. K. Direktor v. G r u n e l i u s erwiderte der Führer der italienischen Mannschaft, Commendatore Giovannetti, für seine Landsleute die Grüße unseres Betriebsführers und brachte seinerseits ein Hoch auf unser Vaterland aus.

Die Bank ließ es sich nicht nehmen, die italienischen Gäste und die deutschen Teilnehmer am Empfang anschließend zu einem Mittagessen im schön geschmückten Festsaal des Erholungsheims zu bitten. Hier fanden sich sehr schnell in bunter Tischordnung Gäste und Gastgeber zusammen, und die verschiedenen Sprachen waren durchaus kein Hindernis zu froher Unterhaltung. Einige italienische Ruderer waren bereits zum dritten Male in Deutschland und hatten auch früher schon unser Grünauer Heim kennen und lieben gelernt. Nach aufgehobener Tafel fanden sich auf der schönen Veranda zwanglose Gruppen beim Kaffee. Das „Betriebs-Echo" stellt mit Freude fest, daß der Empfang der italienischen Gäste in jeder Beziehung gelungen ist. Das Urteil aus unserem Munde könnte allerdings für einseitig gehalten werden, deshalb sei betont, daß wir bereits nach diesen wenigen Stunden von vielen italienischen Ruderern sehr anerkennende Worte über die gastfreundliche Aufnahme in Grünau hörten. Die Führer der italienischen Mannschaft, unter ihnen Commendatore Giovannetti und Generalsekretär Philippi Giampietro, haben uns dies auch ihrerseits in liebenswürdigen

134

Bericht im „Betriebsecho" über den Besuch der italienischen Olympia-Rudermannschaft in Grünau, 1936.

fungierten als Schiedsrichter.[82] Schließlich gab es innerhalb der Belegschaft sogar einen erfolgreichen Olympiasieger: Als Mitglied der deutschen Nationalmannschaft gewann der Hockeyspieler Werner Hamel die Silbermedaille.[83]

Die Olympischen Spiele 1936 markierten den Höhepunkt der ersten Phase der nationalsozialistischen Sportpolitik seit 1933. Wie alle gesellschaftlichen Organisationen, Parteien und Gewerkschaften wurden 1933 auch die Sportvereine und Verbände gleichgeschaltet und es erfolgte eine umfangreiche Neustrukturierung des deutschen Sports. Der 1933 zum Reichssportführer- und kommissar ernannte Hans von Tschammer und Osten löste den bis dahin von Theodor Lewald und Carl Diem geleiteten Deutschen Reichsausschuss für Leibesübungen (DRA) auf und gründete 1934 stattdessen den hauptsächlich leistungs und wettkampforientierten Deutschen Reichsbund für Leibesübungen (DRL), in dem allmählich alle bisherigen Sportfachverbände als „Fachämter" oder angeschlossene Verbände aufgingen.[84] So schlossen sich beispielsweise auch die Sportvereinigungen der Dresdner Bank in Berlin und Düsseldorf dem DRL an.[85]

Des Weiteren rief die DAF im November 1933 die NS-Gemeinschaft „Kraft durch Freude" (KdF) ins Leben, die zur sozialen Betreuung und Kontrolle der Arbeitnehmer während der Arbeits- und Freizeit beitragen sollte, indem sämtliche Lebens- und Arbeitsbereiche mit einbezogen und individuelle Freizeitaktivitäten ausgeschaltet werden sollten. Neben einer Vielzahl von KdF-Ämtern, darunter „Schönheit der Arbeit", „Deutsches Volksbildungswerk", „Reisen, Wandern, Urlaub" und „Feierabend", wurde auch das „Sportamt" gebildet, mit dessen Leitung der DAF-Führer und Reichsorganisationsleiter Robert Ley den Reichssportführer von Tschammer und Osten betraute. Als Ergänzung zum Betriebssport führte das Sportamt seit 1934 KdF-Sportkurse auf freiwilliger Basis außerhalb der Arbeitszeit ein, um auch die Mehrheit der sportpassiven Belegschaftsmitglieder zu „Leibesübungen" zu motivieren. Für das vielfältige System von preisgünstigen Sportkursen stellte die DAF zahlreiche arbeitslose Sportlehrer und Übungsleiter ein. In den Anfangsjahren wurde der KdF-Sport bewusst informell gehalten und man verzichtete zunächst auf die im Vereinssport vorherrschenden Leistungsanforderungen; im Vordergrund sollte vielmehr die unbeschwerte „Lebensfreude durch Leibesübungen" stehen. Insbesondere Schwimm- und Gymnastikkurse sowie Kurse für „Allgemeine Körperschule" waren äußerst beliebt.[86]

Beim „S.V. Hanseatic" der Commerz- und Privat-Bank wurden ab Januar 1937 beispielsweise die Gymnastikabende für Frauen unter der Leitung einer KdF-Sportlehrerin angeboten.[87] Für den informellen Charakter ihrer Kurse warb das Presseamt der DAF zudem auch im „Betriebs-Echo", der seit 1935 veröffentlichten Werkzeitung der Betriebsgemeinschaft der Dresdner Bank: „Auch kann sich an diesen Kursen jeder deutsche Volksgenosse beteiligen, ohne befürchten zu müssen, dass man von ihm Leistungen fordert, die er nicht zu vollbringen in der Lage ist."[88] Die Damen-Gymnastik-Abteilung der Dresdner Bank hielt ihre wöchentlichen Übungsstunden im obersten Stockwerk der Berliner Hauptverwaltung in der Französischen Straße ab. Hier gab es einen großen modernen Sportsaal für diverse Trainingszwecke.[89]

Bericht im „Betriebsecho" von 1936 zur „Allgemeinen Körperschule".

In wunderbarer Fülle schenken die Leibesübungen jedem Gesundheit, Kraft und Freude, der sie in sein Leben einbezieht. (Aus einem „Kraft durch Freude"-Kursus für „Allgemeine Körperschule".)

Aufn.: Presseamt der D.A.F.

Auch im neuen Jahre: Lebensfreude durch Leibesübungen

Die Leibesübungen zur Lebensgewohnheit des ganzen deutschen Volkes zu machen, ist eine Aufgabe, die zu erfüllen sich die Sportämter der N.S.-Gemeinschaft „Kraft durch Freude" nunmehr seit über einem Jahr bemühen. Im Laufe dieser Zeit ist es ihnen bereits gelungen, über 1¾ Millionen Besucher der Spiel-, Sport- und Gymnastikkurse mittels fröhlicher Leibesübungen zu freudigen Anhängern dieser glücklichen Einrichtungen zu machen.

Noch aber gilt es — gemessen an der Zahl der sporttreibenden Deutschen —, Millionen erwachsener Volksgenossen den gleichen Weg zu weisen, die ihren gesunden Körper bisher im Gleichtrott des täglichen Lebens vermodern und verfaulen ließen und auf jede An-

regung, sich auch mit Leibesübungen zu beschäftigen, negativ reagierten. Zum Teil aus dem Grunde, weil sie den Sport als vollkommen überflüssig erachten, zum Teil aber auch, weil sie glauben, nicht für den Sport geeignet zu sein.

Weder der eine noch der andere Grund ist stichhaltig, denn die Leibesübungen sind einmal dazu angetan, jedem Kraft, Gesundheit und Freude zu schenken, der sie in sein tägliches Leben einbezieht, und zum anderen sind die Sport-, Spiel- und Gymnastikkurse der Sportämter der N.S.G. „Kraft durch Freude" gerade für alle diejenigen geschaffen worden, die da meinen, sie seien zu alt, zu dick, zu ungelenk und zu schwach. Auch kann sich an diesen Kursen jeder deutsche Volksgenosse beteiligen, ohne befürchten zu müssen, daß man von ihm Leistungen fordert, die er nicht zu vollbringen in der Lage ist.

Wohlan also, zögert nicht länger und macht mit!

Im Zuge der Gleichschaltung änderte die Berliner „Sportvereinigung
Dresdner Bank" auch den Zweck in ihrer Vereinssatzung, der nun „die
leibliche und seelische Erziehung seiner Mitglieder im Geiste des
nationalsozialistischen Volksstaates durch die planmäßige Pflege der
Leibesübungen"[90] vorsah. Im Sinne einer „Pflege der Leibesübungen"
kam dem Sport im Dritten Reich nicht nur eine besondere Bedeutung
zu, vielmehr instrumentalisierten die Nationalsozialisten ihn für ihre
Zielvorstellungen. Die „Leibesübungen" sollten neben der Stärkung
des „Kameradschaftsgeists" vor allem zum Erhalt der körperlichen
Gesundheit, der „Volksgesundheit", beitragen und die allgemeine
Leistungsfähigkeit der Werktätigen steigern. Und auch im „Arbeitskameraden" hieß es hierzu: „Wo der einzelne seine Leibesübungen
betreibt, der Anfänger in den KdF-Kursen, der Fortgeschrittene in
den Vereinen des Reichsbundes für Leibesübungen oder in anderen
Kursen, ist ganz gleich. Wichtig ist, dass jeder seine Ergänzungsübun-
gen auf den ihm zusagenden Gebieten der Leibesübung betreibt und
dadurch zur Hebung der Volksgesundheit im Ganzen beiträgt."[91]
Schließlich wurde Sport im Sinne der nationalsozialistischen Ziel-

Damen- und Herrengruppen der Betriebssportgemeinschaft Commerzbank
Düsseldorf B.B.V., Fotos aus dem Jahr 1939.

setzung auch zur Wehrertüchtigung propagiert. Insbesondere der in
beiden Banken populäre Schießsport mit Kleinkaliberwaffen diente in
hohem Maße der Vorbereitung auf den Militärdienst.[92] Als paramili-
tärische Ausbildung boten die Banken ab 1936 auch Schulungen im
Segelfliegen an.[93]

Seit 1937 wurde in allen größeren Unternehmen die Bildung von
Betriebssportgemeinschaften (BSG) durch das KdF-Sportamt voran-
getrieben, um den Sport auch auf Betriebsebene zu institutionalisieren
und zusätzlichen Einfluss zu gewinnen. Die Betriebssportvereine
mussten auf Anordnung der DAF entweder als selbstständige Vereine
dem DRL beitreten und ihren Namen ändern, sofern dieser einen
Bezug zum Unternehmen aufwies – oder sich als „Betriebssportgemeinschaft" beim KdF-Sportamt melden.[94] Die „S.V. Dresdner Bank
Berlin" änderte daraufhin 1938 ihren Namen in „S.V. Dresdenia".[95]
Innerhalb der Commerz- und Privat-Bank entstanden aus diesem
Grund seit 1937 zahlreiche „Betriebssportgemeinschaften". Die „Betriebssportgemeinschaft" in Berlin, die 1939 etwa über 600 Mitglieder
verfügte, propagierte den „Betriebssport als wichtigstes Hilfsmittel

zur Betriebsgemeinschaft, Gesundheitsführung der Schaffenden und Leistungsfähigkeit und Lebensfreude für jeden einzelnen [...]"[96]. Die Parole des Betriebssports hieß damals: „Alle machen mit!"[97] Um die Gleichschaltung des Betriebssports auch optisch zu vollenden, erhielten alle aktiven Mitglieder, sofern sie im Besitz einer Jahressportkarte des KdF waren, gegen eine geringe Gebühr von einer Reichsmark die Sportkleidung der DAF. Hierzu gehörte eine kurze blaue Sporthose, ein weißes Sporthemd mit Firmensportabzeichen und dem Symbol der DAF, das aus einem Hakenkreuz im Zahnrad bestand sowie Sportschuhe mit Gummisohle.[98] Sowohl Commerzbank als auch Dresdner Bank passten sich vergleichsweise willig den meisten Zwangsmaßnahmen an, die letztlich allein der Festigung der NS-Ideologie in den Unternehmen dienten. In der Deutschen Bank wehrte man sich hingegen noch bis 1939 dagegen, dass die eigene Sportvereinigung dem Reichsbund für Leibesübungen eingegliedert wurde. Das lag freilich daran, dass die Deutsche Bank hier eine längere Tradition aufweisen konnte als Commerzbank und Dresdner Bank und schon 1915 mit einem Fechtklub eine erste betriebssportliche Vereinigung gegründet hatte.[99]

Seit 1938 führte das Sportamt der NS-Gemeinschaft „Kraft durch Freude" erstmals einen für alle Unternehmen verpflichtenden „Sportappell der Betriebe" ein, um die Zielsetzung, „Ein Volk in Leibesübungen", zu erreichen.[100] Der jährlich stattfindende Sportappell gliederte sich in zwei Wettbewerbe: Der „Wettbewerb des guten Willens" bestand aus Medizinballstoßen, Weitspringen und Dauerlaufen. Je nach Altersklasse mussten unterschiedliche Mindestanforderungen in den drei Sportübungen erreicht werden. Die männlichen Teilnehmer wurden daher in zwei Altersklassen aufgeteilt; Klasse A galt für junge Männer von 18 bis 35 Jahren, Klasse B für Betriebsangehörige zwischen 35 und 55 Jahren. Zudem wurde ein „Wettbewerb der Mannschaft" ausgetragen, bei dem die Gesamtleistung einer achtköpfigen Betriebsmannschaft anhand von vier ausgeführten Disziplinen bewertet wurde. Hierbei profilierten sich die Mannschaften beim Medizinballstoßen und -werfen als Staffel, einer Pendelstaffel über 8 x 75 Meter, beim Keulenzielwerfen – aus 25 Meter Entfernung in einen Kreis von vier Metern – sowie beim Mannschaftslauf über 1000 Meter. Schließlich wurden Ranglisten erstellt und veröffentlicht, indem die Beteiligungsquote der Belegschaft, die relative Größe der Betriebssportgemeinschaften und die sportlichen Höchstleistungen berücksichtigt wurden.[101]

Titelbild „Der Arbeitskamerad" mit Motiv
„Sportappell der Betriebe", 1939.

Ab 1939 wurde der Betriebssportappell auch auf Frauen im Alter von
21 bis 30 Jahre ausgedehnt. Die weiblichen Angestellten mussten Medizinballstoßen, 400 Meter Laufen, Übungen aus der „Körperschule"
sowie einen Mannschaftsstaffellauf absolvieren.[102] Jährlich nahmen
mehr als 10.000 Betriebe und etwa 2 Millionen Betriebssportler an
den Wettkämpfen teil.[103] Neben der Commerz- und Privat-Bank folgten seit 1938 auch zahlreiche Filialen der Dresdner Bank dem Aufruf
zum Sportappell, darunter die „Betriebsgemeinschaften" der Hauptzentrale in Berlin sowie in Breslau, Chemnitz, Dresden, Düsseldorf,

Betriebs-Echo

WERKZEITSCHRIFT FÜR DIE BETRIEBSGEMEINSCHAFT DRESDNER BANK

| Folge 8 | Berlin, den 1. August 1938 | Jahrgang 4 |

Breslau – Kraft und Freude

Zum „Deutschen Turn- und Sportfest 1938" in Breslau hatten außer der Hauptbank Berlin die Filialen Bremen, Breslau, Danzig, Dresden, Düsseldorf, Essen, Frankfurt a. M., Halle a. S., Hamburg, Köln, Mannheim und Stuttgart ihre Wettkämpfer entsandt. Petrus hat sicherlich die Bedeutung dieser Tage erkannt und ließ bis auf eine kleine Abkühlung am Freitag, dem 29. Juli, manchmal in etwas überreichlichem Maße die Sonne scheinen; dadurch bedingt konnte das Fest einen ungetrübten Verlauf nehmen.

Wir denken noch an die Tage der Olympiade im Jahre 1936 in Berlin, bei der der Staat und die Berliner Bevölkerung in höchstem Maße bemüht waren, die internationalen Gäste in jeder Hinsicht zufriedenzustellen; aber unvergeßlich werden uns die Breslauer Tage bleiben, wo es keine Internationalen, sondern nur Innernationale gab; aus allen deutschen Gauen, sudetendeutsche Turner und Turnerinnen, deutsche Turner aus Italien, Ungarn, Polen, Belgien, Estland, Lettland, Deutsch-Südwestafrika, USA., Brasilien und Chile waren

Die Berliner Festzugteilnehmer vor dem Filialgebäude Breslau   Phot.: Bilderdienst „Betriebs-Echo"

145

Titelbild des „Betriebsechos" vom 1. August 1938:
„Deutsches Turn- und Sportfest" in Breslau.

48

Nürnberg, Leipzig als auch in Köln, bei denen die Wettkämpfe 1938 an unterschiedlichen Wochenenden in den Sommermonaten von Anfang Juli bis Ende September ausgeführt wurden. Allein in Berlin nahmen etwa 2.670 Betriebssportler, mitunter auch Vorstandsmitglied Dr. Carl Lüer, an den Wettkämpfen auf dem „Sportplatz Wuhlheide" teil.[104]

Eine weitere öffentlichkeitswirksame Sportveranstaltung im Rahmen der NS-Propaganda war das „Deutsche Turn- und Sportfest" im Juli 1938 in Breslau. Als eine der größten Betriebssportgemeinschaften war die Teilnahme von Niederlassungen der Dresdner Bank selbstverständlich, sodass eine Vielzahl von Betriebssportlern der Filialen im gesamten Deutschen Reich – aus Berlin, Bremen, Danzig, Dresden, Düsseldorf, Essen, Frankfurt a.M., Halle a. d. Saale, Hamburg, Köln, Mannheim und Stuttgart – nach Breslau reiste, um sportliche Erfolge zu feiern. Die Augustausgabe des „Betriebs-Echo" von 1938 widmete dem Sportereignis daraufhin ihr Titelblatt – was die Inszenierung des Sportfests und die gelenkte Aufmerksamkeit auf den Austragungsort im damaligen Schlesien, insbesondere im Hinblick auf die außenpolitischen Pläne der Nationalsozialisten in den Ostgebieten, unterstrich. Zwei Monate später wurde das Sudetenland von Deutschland annektiert.[105]

Die zunehmende Militarisierung des Sportbetriebs war spätestens seit 1938 unübersehbar und deutete auf die künftige Entwicklung hin. Bis zu diesem Zeitpunkt war auch die Verdrängung der Juden aus dem Wirtschaftsleben nahezu abgeschlossen. Noch 1932 betrug der Anteil der jüdischen Angestellten in der Geschäftsleitung der Dresdner Bank mehr als 70 Prozent. Insgesamt beschäftigte die Bank über 500 Mitarbeiter jüdischer Herkunft.[106] Die Geschäftsleitung der Commerzbank bestand zu rund 14 Prozent aus Juden. Innerhalb der Gesamtbelegschaft gab es rund 1,6 Prozent jüdische Angestellte.[107] Der wachsende Druck von NS-Aktivisten und einschneidende Regelungen wie das „Gesetz zur Wiederherstellung des Berufsbeamtentums" und die Nürnberger Gesetze führten dazu, dass von den Banken bis Ende 1938 alle jüdischen Angestellten entlassen wurden. Es ist daher davon auszugehen, dass auch bis 1938 alle jüdischen Betriebsangehörigen aus den Betriebssportgemeinschaften ausgeschlossen wurden. Insbesondere die Dresdner Bank kooperierte in hohem Maße mit dem Regime und NS-Organisationen wie der Schutzstaffel (SS) und wurde zum willigen Akteur im Dritten Reich.[108]

Bildcollage im „Betriebsecho" vom „Deutschen Turn- und Sportfest"
in Breslau, 1938.

Nach Ausbruch des Zweiten Weltkriegs im September 1939 wurde zunächst versucht, den Betriebssport uneingeschränkt weiterzuführen, auch wenn vor allem die jungen aktiven Sportler zum Wehrdienst einberufen wurden und sich die Wettkampfmannschaften auflösen mussten. In Berlin rief Ewald Arndt, Betriebssportwart der Sportvereinigung „Hanseatic" der Commerz- und Privat-Bank, die sich ab 1940 „Commerzbank Aktiengesellschaft" nannte, daher auch in Kriegszeiten weiterhin zu sportlichen Aktivitäten auf. Die Parole des Betriebssports hieß nun: „Weitermachen!"[109] Im September 1941, drei Monate nach dem deutschen Angriff auf die Sowjetunion, wurde der Sportbetrieb in Friedrichshagen eingestellt, da die Wehrmacht das Sport- und Erholungsheim übernahm, um hier ein „Genesungsheim für die Soldaten der spanischen blauen Division" einzurichten. Die „Blaue Division", eine spanische Infanteriedivision aus freiwilligen Soldaten, unterstützte die Wehrmacht von 1941 bis 1943 im Krieg gegen die Sowjetunion.[110]

Schließlich kam der Betriebssport bei der Commerzbank als auch bei der Dresdner Bank seit 1943 aufgrund von Personalmangel und weiterer Einberufungen zur Wehrmacht allmählich zum Erliegen. Hatte die Betriebssportgemeinschaft der Dresdner Bank in Berlin 1942 noch mehr als 26.000 RM für ihren Sportbetrieb verausgabt, waren es 1943 nur noch knapp 17.000 RM, da insbesondere die Übungsstätten einiger Sportabteilungen zerstört worden waren und nicht mehr genutzt werden konnten.[111] Nach Ende des Zweiten Weltkriegs wurde das Sport- und Erholungsheim der Dresdner Bank in Grünau, das den Krieg unversehrt überstanden hatte, von der Sowjetischen Militäradministration (SMAD) enteignet.[112]

4

Neustart in den 1950er und 1960er Jahren

Die bedingungslose Kapitulation des Deutschen Reiches am 8. Mai 1945 bedeutete das Ende des Zweiten Weltkriegs. Deutschland wurde von den alliierten Siegermächten in vier Besatzungszonen eingeteilt und die deutschen Großbanken, darunter die Dresdner Bank und Commerzbank, wurden zerschlagen. In Ost-Berlin und der sowjetischen Besatzungszone wurden die Filialen und Zweigstellen beider Banken geschlossen und entschädigungslos enteignet. Nachdem die Dresdner Bank 1945 ihre Hauptniederlassung sowie 81 Depositenkassen in Berlin aufgegeben hatte, verlagerte sie ihren Hauptsitz zunächst nach West-Berlin. Bezogen auf das Jahr 1937 verlor sie etwa die Hälfte ihrer Geschäftsstellen. Die Commerzbank hatte ihre Hauptzentrale noch vor Kriegsende von Berlin nach Hamburg verlegt. Auch sie verzeichnete einen hohen Verlust ihrer Geschäftsstellen: Hatte die Commerzbank vor Ausbruch des Krieges noch über 358 Filialen verfügt, sank die Zahl bei Kriegsende auf 102 Filialen, die sich nun auf die Westzonen verteilten. Drei Viertel der Geschäftsstellen lagen in der englischen Besatzungszone, etwa ein Viertel in der amerikanischen Zone und drei Niederlassungen in der französischen Besatzungszone.

Infolge der Dezentralisierungspolitik der Alliierten und auf Grundlage des von der amerikanischen Militärregierung im Mai 1947 erlassenen Gesetzes Nr. 57 wurden die Großbankfilialen in der amerikanischen Zone, wenig später auch in allen drei Westzonen, jeweils in provisorische Nachfolgeinstitute aufgeteilt. Diese wurden von unabhängigen Verwaltern kontrolliert und die Aktivitäten der jeweiligen Filialgruppen waren fortan auf die einzelnen Länder beschränkt. Die Teilinstitute erhielten zudem neue Firmenbezeichnungen, die untereinander verschieden sein mussten und nicht an den alten Namen erinnern durften. Bei der Commerzbank entstanden bis 1948 neun Teilinstitute.[113] Die Dresdner Bank wurde in elf Nachfolgeinstitute aufgegliedert.[114]

Um die aufgestaute Inflation zu überwinden und den wirtschaftlichen Wiederaufbau in den Nachkriegsjahren voranzutreiben, folgte 1948 die Währungsreform mit der Einführung der Deutschen Mark (DM). Das neue Vertrauen in die Stabilität der Währung förderte die westdeutsche Industrieproduktion, die in hohem Maße auf Kapital und Kredite von Banken angewiesen war. Die hohen Anforderungen an das Kreditwesen sowie die Einsicht der Alliierten, dass nur eine leistungsfähige deutsche Wirtschaft dem sowjetischen Ostblock stand-

Einzug der Sportlerinnen und Sportler des Bankvereins Westdeutschlands
beim Sportfest zum 25-jährigen Jubiläum in Düsseldorf, 1953.

halten könne, erhöhten das Bedürfnis nach kapitalkräftigen und hand-
lungsfähigen Finanzinstituten. Obwohl das Ziel der alliierten Sieger-
mächte ursprünglich gewesen war, keine machtvollen Großbanken
mehr zuzulassen, verzichteten sie nun allmählich auf ihre strengen
Dezentralisierungsmaßnahmen, da offensichtlich geworden war, dass
der Wiederaufbau nur mit größeren Bankinstituten möglich sein
würde.

Dementsprechend erlaubte das 1952 erlassene „Gesetz über den
Niederlassungsbereich von Kreditinstituten", das sogenannte Groß-
bankengesetz, nun die Gründung von Nachfolgeinstituten in Nord-,
West- und Süddeutschland. Daraufhin folgte die Zusammenfassung
der elf Teilinstitute der Dresdner Bank zu drei regionalen Nachfolgeinstituten: die Hamburger Kreditbank AG in Hamburg für den Bereich Nord, die Rhein-Ruhr Bank AG in Düsseldorf für den Bereich
West und die Rhein-Main Bank AG in Frankfurt am Main für den
Bereich Süd. Zudem gehörte seit 1949 die Bank für Handel und
Industrie AG (BHI) in West-Berlin zur Dresdner Bank-Gruppe. Ähn-
lich wie die Dresdner Bank schuf auch die Commerzbank 1952 drei

Nachfolgeinstitute in Hamburg, Düsseldorf und Frankfurt am Main. So entstanden die Commerz- und Disconto-Bank AG, der Bankverein Westdeutschland AG und die Commerz- und Creditbank AG.

Mit der Verabschiedung des „Gesetzes zur Aufhebung der Beschränkung des Niederlassungsbereichs von Kreditinstituten" wurde 1956 der Zusammenschluss dieser Teilinstitute wieder erlaubt. Ein Jahr später, Ende Mai 1957, beschlossen die Hauptversammlungen der drei westdeutschen Nachfolgeinstitute der Dresdner Bank – mit Rückwirkung auf den 1. Januar 1957 – ihre Fusion unter der Unternehmensbezeichnung Dresdner Bank Aktiengesellschaft mit neuem Hauptsitz in Frankfurt am Main. Die Nachfolgeinstitute der Commerzbank schlossen sich Ende Oktober 1958 zur Commerzbank AG zusammen, indem der Düsseldorfer Commerzbank-Bankverein, der bis 1956 Bankverein Westdeutschland hieß, die beiden Schwesterbanken in Hamburg und Frankfurt übernahm. Die Hauptzentrale der neu gegründeten Commerzbank AG lag von nun an in Düsseldorf.[115]

Das Kriegsende und die anschließende Zerschlagung der Großbanken markierten auch für den Betriebssport eine tiefe Zäsur. Nach

Preisverleihung mit Vorstandsmitglied Dr. Hanns Deuß
(Bankverein Westdeutschland), 1954.

Start zum Waldlauf der Damen, Düsseldorf, 1956.

der Auflösung der nationalsozialistischen Betriebssportstrukturen im Jahr 1945, mussten sich die Betriebssportgesellschaften in den Nachkriegsjahren personell als auch organisatorisch neu bilden. Hierbei ließ sich ein typisches Gründungs- und Entwicklungsmuster erkennen, das den Betriebssportstrukturen in der Weimarer Republik glich: Vielerorts wollten sich Angestellte von Unternehmen im Breiten- und Freizeitsport betätigen; einerseits um gesund zu bleiben, andererseits um Wettkämpfe auszuführen und um nach der täglichen Arbeit Zeit mit ihren Kollegen in geselliger Atmosphäre zu verbringen. Schnell entwickelten sich aus diesem Anliegen wieder organisatorische Strukturen, die den Sportbetrieb garantierten und sich um die Gewährleistung von Sportstätten und die Beschaffung von Sportgeräten kümmerten.[116] Insbesondere auch der wachsende Personalbestand seit Anfang der 1950er Jahre und diverse Maßnahmen im Rahmen einer betrieblichen Sozialpolitik förderten bei der Commerzbank und Dresdner Bank die Neugründung von Betriebssportgesellschaften. Während die Gesamtbelegschaft der Dresdner Bank 1948 noch 3.100 Angestellte umfasste, stieg sie bis 1952 auf 8.000 Mitarbeiter an. 1957 hatte die Dresdner Bank fast wieder das Vorkriegsniveau mit rund 11.000 Belegschaftsmitgliedern erreicht.[117]

Die Commerzbank verfügte 1945 insgesamt über rund 2.000 Mitarbeiter, 1958 war die Zahl auf 7.700 Mitarbeiter angestiegen. Allein die Mitarbeiterzahl des Düsseldorfer Bankvereins Westdeutschland, der in den 1950er Jahren eine führende Rolle innerhalb der Commerzbank-Gruppe einnahm, stieg zwischen 1951 bis 1955 von rund 2.100 auf 3.700.[118] Als Betriebssportverein des Bankvereins Westdeutschland nahm auch der „Sportclub B.B.V. 1928" während dieser Jahre den Sportbetrieb wieder auf und die ersten Sportfeste erfreuten sich erneut hoher Beliebtheit. So feierte der Sportclub anlässlich seines 25-jährigen Bestehens und in Erinnerung an die sportlichen Aktivitäten der Vorkriegsjahre im Jahr 1953 ein großes Jubiläums-Sportfest im Düsseldorfer Rheinstadion.[119] Ein Jahr später gründete auch die Commerz- und Disconto-Bank AG in Hamburg eine eigene Betriebssportgemeinschaft.[120] Im Laufe der 1950er Jahre folgten zudem weitere Gründungen von Sportgemeinschaften in Berlin, Bielefeld, Dortmund, Essen, Hagen, Heidelberg, Mannheim sowie in Münster und München.[121]

Bei der Dresdner Bank wurde der Sportbetrieb innerhalb der West-Berliner Bank für Handel und Industrie durch die „Sportvereinigung

Clubhaus der S.V. Dresdenia in Berlin, 1966.

Dresdenia Berlin e.V." bereits im Jahr 1949 wieder aufgenommen. Ein Jahr später wurde die Sportvereinigung beim Amtsgericht Berlin-Charlottenburg auch offiziell im Vereinsregister eingetragen. Da die eigenen Sport- und Übungsstätten während des Kriegs überwiegend zerstört worden waren oder aufgrund der Teilung Berlins nicht mehr genutzt werden konnten, wurden der Sportvereinigung in den Anfangsjahren Sportplätze sowie Schwimm- und Turnhallen für die Trainingsstunden von der Stadt Berlin zur Verfügung gestellt. Bis 1964 gründeten sich neue Abteilungen für Fußball, Handball, Kegeln, Leichtathletik, Rudern, Schach, Schwimmen, Tischtennis, Wandern sowie erstmals eine eigene Fotoabteilung für kreative Hobbyfotografen innerhalb der Belegschaft. Innerhalb der nächsten 10 Jahre kamen Bowling, Gymnastik und Schießen dazu.[122]

Kurz nach der Neugründung der Sportvereinigung Dresdenia entstanden 1951 auch bei den Nachfolgeinstituten der Dresdner Bank in Hamburg und Düsseldorf wieder erste Sportgemeinschaften. Die Hamburger Sportgemeinschaft hatte 1957 schon 690 Mitglieder und bot ein breites Betätigungsfeld an. Hier konnten die Betriebssportler zwischen den Sparten Fußball, Schwimmen, Leichtathletik, Rudern,

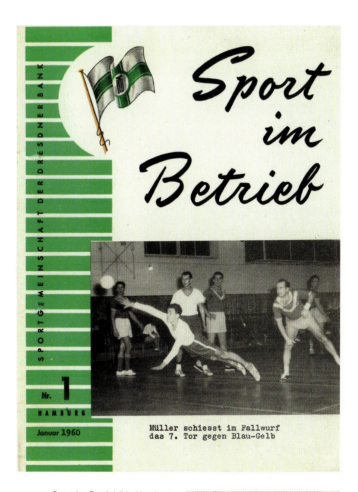

"Sport im Betrieb" in Hamburg,
Ausgabe Nr. 1 vom Januar 1960.

Mitteilungsblatt der Sportgemeinschaft
der Hamburger Kreditbank,
11. Dezember 1956.

Fechten, Handball, Schach, Kegeln, Tennis und Tischtennis wählen.[123] Während der 1950er Jahre nahmen auch viele weitere Sportler der Dresdner Bank-Filialen in Bielefeld, Bonn, Dortmund, Hagen, Heidelberg, Iserlohn, Mannheim, München, Münster und Osnabrück den Sportbetrieb wieder auf und gründeten eigene Betriebssportgesellschaften.[124]

Die Neubildung der Sportgemeinschaft Düsseldorf erfolgte beispielsweise auf Initiative einiger Lehrlinge der Rhein-Ruhr Bank. In einem Brief, den die damaligen Auszubildenden am 3. Februar 1951 an die Direktion richteten, äußerten diese den Wunsch nach einer eigenen Sportgruppe:

„Sehr geehrte Herren! Wir gestatten uns, Ihnen folgende Bitte zu unterbreiten: Die jüngeren Belegschaftsmitglieder unserer Bank beabsichtigen, eine Sportgruppe ins Leben zu rufen. Wir haben gehört, dass sich der Betriebssport schon früher großer Beliebtheit erfreute, und hoffen daher, mit unserer Bitte nicht ungelegen zu kommen. Zweck und Ziel unseres Vorhabens ist eine kameradschaftliche Gemeinschaft unserer Lehrlinge und Jung-Angestellten in Spiel und Sport, was nicht zuletzt einer erfolgreichen Zusammenarbeit in unserem Beruf dienen soll. Bei einer Rundfrage hat sich der größte Teil der Lehrlinge für eine Sportgemeinschaft und vor allem für die Aufstellung einer Fußballmannschaft ausgesprochen. Wir sind Ihnen dankbar, wenn wir Ihre geschätzte Ansicht über unser Vorhaben erfahren und mit Ihrer Unterstützung rechnen dürfen."[125]

Bereits vier Tage später kam man dem Wunsch nach und die erste Besprechung fand statt, in der die Sportgruppe gegründet wurde. Während der Sitzung erklärte sich Hans Peters – von 1953 bis 1967 Mitglied des Aufsichtsrats der Dresdner Bank[126] – dazu bereit, der neuen Sportgruppe beratend und unterstützend zur Seite zu stehen. In Erinnerung an die frühere Sportgemeinschaft in Düsseldorf, die sich während des Zweiten Weltkriegs hatte auflösen müssen, freute er sich über die Motivation und dass die Idee des Sports von den jüngeren Belegschaftsmitgliedern erneut aufgriffen wurde. Als Förderer des Betriebssports hoffte er zudem, dass die Teilnehmer der Sitzung mit Freude und ganzem Einsatz – und einer gewissen Verpflichtung – dieses Unternehmen beginnen und durchführen und sie den Kern einer neuen Betriebssportgemeinschaft bilden würden.

Die neu gegründete Sportgruppe beschränkte sich zunächst auf eine Fußballmannschaft, die zum Trainingsstart zwei von der Direktion gestiftete Fußbälle erhielt. Einige Monate nach der Gründung erhielt die Sportgemeinschaft auch eigene Trikots, Turnhosen und Stutzen sowie eine Torwartausrüstung. Fußballschuhe konnten mithilfe einer von der Dresdner Bank ermöglichten Ratenzahlung und Teilfinanzierung angeschafft werden. Bereits 1928 hatte der Fußball zu einer der Gründungssportarten der Düsseldorfer Sportgemeinschaft gehört und so war es nicht verwunderlich, dass es auch im Jahr 1951 Fußballer waren, die die Wiederbelebung der Sportgemeinschaft vorantrieben. In den ersten Monaten fand das Fußballtraining noch auf dem Sportplatz des Düsseldorfer Sportclubs „S.C. Schwarz-Weiß 06 e.V." im Volksgarten statt. Aber schon im September 1951 wurde ein neuer Vertrag mit dem Stadtsportamt geschlossen und die Fußballer konnten von nun an im Rheinstadion trainieren, wo die Dresdner Bank schon vor dem Krieg diverse Sportwettkämpfe veranstaltet hatte. Schon früh wurde so ein regelmäßiger Spielbetrieb aufgenommen, sodass die Fußballer mit anderen Banken, aber auch mit anderen Industrieunternehmen in der Düsseldorfer Umgebung Freundschaftsspiele vereinbarten. Bis in die 1970er Jahre zählten zudem die betriebsinternen Vergleichskämpfe zwischen Lehrlingen und den Fußballsenioren zu den Saisonhöhepunkten. Neben dem wöchentlichen Spielbetrieb erfolgten auch Einladungen von anderen Dresdner Bank-Filialen, die die Fußballer gerne annahmen, um an Freundschaftsspielen oder Turnieren in anderen Filialbereichen oder auch im Ausland, beispielsweise in den Niederlanden, der Schweiz und Frankreich, teilzunehmen.[127]

Neben Fußball erfreuten sich die Betriebssportler in Düsseldorf seit Mitte der 1950er Jahre auch an weiteren Sportarten wie beispielsweise Leichtathletik und nahmen an den bankinternen „Nordrhein-Westfälischen Meisterschaften" der Dresdner Bank teil. Seit 1960 wurden diese ausgeweitet und die Sportgemeinschaften in Düsseldorf und Hamburg veranstalteten erstmals Vergleichswettkämpfe in Fußball, Handball, Tischtennis und Leichtathletik gegeneinander, die als Vorläufer der ab 1969 durchgeführten „Dresdner Bank-Meisterschaften" angesehen werden können. Am 21. Mai 1960 nahmen mehr als 50 männliche Sportler der Dresdner Bank aus Düsseldorf an dem Wettbewerb auf der Anlage des Betriebssportvereins der Allianz Versicherung „S.V. Weiß-Blau Allianz Hamburg e.V." auf dem Lokstedter Steindamm in Hamburg teil. Unter den Teilnehmern war auch der junge Jürgen Prochnow – heute bekannter Film- und Fernsehschauspieler –

Bootstaufe des Ruderclubs Dresdenia in Hamburg,
Juni 1957.

Regatta auf der Außenalster vor dem Clubhaus des Hamburger und Germania Ruder Clubs,
Ende 1960er Jahre.

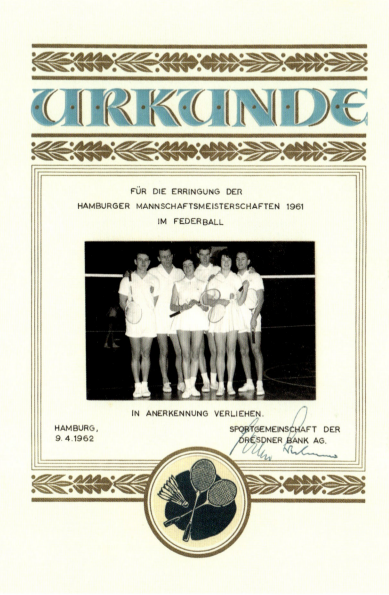

der in der Düsseldorfer Filiale der Dresdner Bank eine Ausbildung zum Bankkaufmann absolvierte und später in Wolfgang Petersens Film „Das Boot" seinen internationalen Durchbruch als Schauspieler feierte.[128] Im September 1968 bestritten die aktiven Leichtathleten der Dresdner Bank erstmals einen Leichtathletikwettkampf gegen die damalige Bankenkonkurrenz der Commerzbank und der Deutschen Bank. Unter der Organisation des damaligen Leiters der Düsseldorfer Sportgemeinschaft, Horst Reinhardt, nahmen rund 300 Teilnehmer an den Wettkämpfen im Düsseldorfer Rheinstadion teil.[129]

Zu einer weiteren großen Sportveranstaltung in den 1960er Jahren lud die Hamburger Sportgemeinschaft anlässlich ihres 15-jährigen Bestehens ein. An den Wettkämpfen im September 1966 nahm eine beeindruckende Anzahl von 900 aktiven Sportlern teil, darunter 600 Dresdner Bank-Angehörige aus allen Hauptverwaltungsbereichen und Berlin sowie Betriebssportler anderer Banken und Firmen.[130]

Im gleichen Jahr blühte auch die Sportbegeisterung bei der Hauptzentrale der Dresdner Bank in Frankfurt mit dem Erscheinen ihrer ersten Ausgabe der Mitarbeiterzeitung „Sport im Betrieb" wieder auf. Das bankinterne Sportmagazin erschien auch in anderen großen Sportgemeinschaften wie Hamburg und Düsseldorf und hielt die sportbegeisterten Bankangestellten ausschließlich über Themen und Neuigkeiten rund um den Betriebssport auf dem Laufenden.[131] In Frankfurt wollte man mit der ersten Ausgabe die Mitarbeiter auch gleichzeitig motivieren, selbst aktiv zu werden:

„Liebe Kollegin, lieber Kollege! Sie werden erstaunt sein, wenn wir Ihnen heute das erste Heft unserer internen Sportzeitung überreichen [...] wir möchten Ihnen ab jetzt in regelmäßigen Abständen über das Geschehen in der Sportabteilung, das ja ein Ausgleich für unsere sitzende Tätigkeit sein soll, berichten. Darüber hinaus wollen wir den Gemeinschaftssinn wecken, damit sich recht viele Kolleginnen und Kollegen nicht nur auf dem Sportfeld, sondern auch bei gemütlichen Zusammenkünften kennen lernen und nicht wie fremde Menschen im Hause aneinander vorbei gehen. Dies ist unser Wunsch und unser Ziel, das wir nur mit ihrer Unterstützung erreichen können, um die wir sie bitten möchten."[132]

Der Aufruf an die Belegschaft war von Erfolg gekrönt und führte 1968 zur offiziellen Neugründung der Sportgemeinschaft in Frankfurt.

Fußballmannschaften der Dresdner Bank in Hamburg,
1960er Jahre.

Zur gleichen Zeit wurde innerhalb der Gesamtbelegschaft der Dresdner Bank der Wunsch nach einer überregionalen Meisterschaft für Betriebssportler laut. In der ersten Ausgabe der bankinternen Betriebszeitschrift „Wir" im April 1967 wurde mit der Frage „Wo sind die DRESDNER BANK-Meister?" um Vorschläge und Anregungen gebeten, wie man in den einzelnen Sportdisziplinen die besten Betriebssportler ermitteln könnte und wie und an welchem Ort die entsprechenden Ausscheidungswettkämpfe veranstaltet werden könnten.

Der Aufruf blieb nicht unbeantwortet und die ersten Ideen ließen nicht lange auf sich warten. Horst Reinhardt, der damalige Leiter der Düsseldorfer Sportgemeinschaft, entwarf 1968 ein erstes Konzept für den Ablauf der Gesamtbankmeisterschaften und die Qualifikation für die Wettkämpfe in verschiedensten Sportarten wie Leichtathletik, Fußball, Tischtennis, Schach, Schwimmen, Rudern, Schießen, Kegeln, Tennis, Badminton und Handball. Daraufhin arbeiteten die Verantwortlichen der Sportgemeinschaften in Düsseldorf, Frankfurt, Hamburg und Berlin gemeinsam einen Vorschlag aus, der Anfang 1969 durch den Gesamtvorstand genehmigt wurde. Man einigte sich darauf, die Sportarten in drei Gruppen aufzuteilen und jedes Jahr für eine Gruppe mit etwa drei bis vier Sportarten Meisterschaften durchzuführen. Das hieß, dass der Gesamtbankmeister jeder einzelnen Sportart jeweils in Abständen von drei Jahren ermittelt werden sollte. Teilnahmeberechtigt waren ausschließlich Betriebsangehörige der Dresdner Bank und ihrer Tochtergesellschaften. Nachdem es in den Vorjahren bereits etliche sportliche Begegnungen zwischen Filialen im gleichen Hauptverwaltungsbereich gegeben hatte, sollte fortan allen Mitarbeitern der Dresdner Bank die Gelegenheit gegeben werden, sich auf regionaler Ebene für die jährlich stattfindenden Bankmeisterschaften zu qualifizieren.[133]

Die ersten Dresdner Bank-Meisterschaften, die am 27. September 1969 stattfanden und deren Ausrichtung die Hauptverwaltung in Frankfurt übernahm, wurden in den vier Sportarten Tennis, Bowling, Handball und Schach ausgetragen. Zuvor hatten sich insgesamt 437 Sportler aus allen Hauptverwaltungsbereichen und Berlin für die regionalen Vorentscheidungen gemeldet, von denen jedoch nur die besten Betriebssportler zu den Endrunden in Frankfurt zugelassen wurden. So qualifizierten sich aus jedem Regionalbereich jeweils drei Damen und fünf Herren für die Endrunden im Bowling, je eine Damen- und Herrenmannschaft im Handball und je sechs Schach-

DRESDNER BANK
AKTIENGESELLSCHAFT

MEISTERSCHAFTEN
1969
Tennis
Schach
Handball
Bowling

Frankfurt/M., 26.-27. Sept.

Die ersten Dresdner Bank-Meisterschaften fanden im
September 1969 in Frankfurt am Main statt.

spieler. Für die Endspiele im Tennis konnten sich jeweils drei Sportler qualifizieren. Von den insgesamt 56 Schachspielern, die sich in den Vorturnieren spannende Duelle geliefert hatten, qualifizierten sich letztlich 24 Spieler. Sieger und damit erster Schachmeister der Dresdner Bank wurde Helmut Guski aus Köln. Im Handball siegten das Damenteam aus Hamburg und die Herrenmannschaft aus Mönchengladbach. Da Bowling Ende der 1960er Jahre noch zu den neueren Sportarten zählte, überraschte es kaum, dass nach den regionalen Vorentscheidungen nur insgesamt acht Damen und siebzehn Herren in den Endrunden antraten. Obwohl die Bowling-Teilnehmer des Hauptverwaltungsbereichs Hamburg zahlenmäßig denen des HV-Bereichs Berlin überlegen waren, gewann Friedrich Malchow aus Berlin die erste Einzelmeisterschaft im Bowling. Im Tennis holten sich unter anderem die Spielerinnen und Spieler aus Hamburg und Düsseldorf den Pokal.[134]

Die anschließende Siegerehrung fand im Frankfurter Volksbildungsheim statt. Jeder Sieger – ob Einzelsportler oder als Mannschaftsmitglied – erhielt eine geprägte Silbermünze im Wert von 30 Deutscher Mark (DM), auf deren Vorderseite „Dresdner Bank-Meister 1969" eingraviert war und auf deren Rückseite das DB-Zeichen mit Merkurstab prangte. Den vier Gewinnermannschaften im Handball und Bowling wurde jeweils ein silberner Wanderpokal verliehen, der von der Hauptverwaltung Frankfurt gestiftet wurde.[135] Rückblickend stellte Dr. Adolf Schäfer, seit 1954 Vorstandsmitglied der der Dresdner Bank, begeistert fest:

„Die ersten Dresdner Bank-Meisterschaften […] waren für alle Beteiligten ein eindrucksvolles Erlebnis. Es wurde sichtbar, wie lebendig und vielseitig die Sportgemeinschaft in unserem Hause inzwischen geworden ist. Die Vielzahl der Sportler, die aus zahlreichen Niederlassungen des Bundesgebietes zu den Meisterschaften antrat, machte gleichzeitig deutlich, wie weitgespannt das Netz unserer Geschäftsstellen heute ist. Die Gesamtbank-Meisterschaften sind in besonderem Maße geeignet, Brücken zu schlagen und die Verbundenheit innerhalb unseres Hauses zu festigen. Mein Wunsch ist es, dass der Betriebssport sich in unserer Bank kräftig weiterentwickelt und viele neue Freunde gewinnt."[136]

Mit insgesamt rund 200 Beteiligten, darunter die aktiven Teilnehmer als auch ihre Begleiter und Sportbetreuer, waren die ersten Dresdner Bank-Meisterschaften ein beeindruckender Erfolg und markierten den Anfang für viele weitere künftige Meisterschaften, die bis 1979 jährlich und ab 1980 alle zwei Jahre stattfinden sollten. Ziel war es, die Begeisterung am Betriebssport zu wecken und immer mehr junge wie auch ältere Mitarbeiter der Dresdner Bank für die aktive Betätigung im Sport zu gewinnen.

Und schon kurz nach der Austragung der ersten Bankmeisterschaften wurde dazu aufgerufen, sich rechtzeitig auf die nächsten Wettkämpfe in Berlin, die 1970 von der Berliner Bank für Handel und Industrie AG (BHI) ausgerichtet wurden, vorzubereiten. Hier sollten nun gemäß dem Rotationsprinzip die besten Betriebssportler in den Sportarten Faustball, Kegeln, Rudern und Schwimmen gekürt werden. Für die Dresdner Bank-Meisterschaften 1970 in Berlin qualifizierte sich unter anderem auch die Damen-Kegelmannschaft der 1954 gegründeten Sportgemeinschaft in Osnabrück. Dass dem Namen der Betriebssportgruppen in der Regel keine Grenzen gesetzt waren, bewiesen die Frauen aus Osnabrück auf humorvolle Art und Weise: Sie hatten sich bei ihrer Gründung 1965 auf „Die süßen Schnecken" getauft.[137]

Während der Bankmeisterschaften in Berlin berichtete auch die Presse über die Ereignisse. Die Berliner Morgenpost lobte die Sportler der Dresdner Bank mit folgenden Worten: „Sie kennen sich nicht nur in Währungen und auf dem Aktienmarkt aus, sie stehen auch in den Sport-Arenen ihren Mann – die Angestellten der Dresdner Bank."[138]

Bei den Dresdner Bank-Meisterschaften in Mannheim 1976 gratulierte sogar der ehemalige Fußball-Bundestrainer Sepp Herberger, von 1921 bis 1925 selbst einmal Mitarbeiter der Dresdner Bank in Mannheim, den Endspielteilnehmern zum Einzug ins Finale. Er übernahm den Anstoß im Endspiel um die Meisterschaft im Fußball, in dem die Frankfurter Spieler ihre langjährigen Rivalen aus Bremen mit 2:0 schlugen.[139] Zehn Jahre nach dem Start der Bankmeisterschaften kamen schließlich schon fast 1.000 Sportler und Gäste zum sportlichen Großereignis, das 1979 in Dortmund stattfand.[140]

In den Folgejahren bis einschließlich 2009 sollten die Dresdner Banker viele weitere sportliche Erfolge bei den Bankmeisterschaften feiern, die im Laufe der Jahre in folgenden Austragungsorten stattfanden: Frankfurt, Berlin, Düsseldorf, Hamburg, Nürnberg, Mannheim, Köln, Bremen, Dortmund, München, Hannover, Stuttgart, Essen, Wiesbaden und Bielefeld – nach der deutschen Wiedervereinigung auch in Dresden und Leipzig.[141] Doch nicht nur in sportlicher Hin-

Titelbild der „Wir"
von 1979 über die
Dresdner Bank-
Meisterschaften
in Dortmund.

Der Dresdner Bank-Chor singt bei der Abschlussveranstaltung
der Bank-Meisterschaften in Dortmund, 1979.

sicht waren die Wettkämpfe über Jahre hinweg eine sinnvolle Bereicherung, denn viele Sportler knüpften auch wichtige Kontakte zu Bankern anderer Filialen und schlossen bundesweit Freundschaften, die auch häufig im Berufsalltag hilfreich waren.[142]

Tabelle 1
Austragungsorte der Dresdner Bank-Meisterschaften von 1969 bis 2009[143]

1969	Frankfurt	1978	Bremen	1992	Dresden
1970	Berlin	1979	Dortmund	1993	Berlin
1971	Düsseldorf	1980	München	1995	Leipzig
1972	Hamburg	1982	Hannover	1997	Düsseldorf
1973	Frankfurt	1984	Stuttgart	1999	Nürnberg
1974	Berlin	1986	Essen	2001	Hamburg
1975	Nürnberg	1988	Wiesbaden	2003	Mannheim
1976	Mannheim	1990	Bielefeld	2005	Dortmund
1977	Köln	1991	Frankfurt	2007	München
				2009	Frankfurt

5

Betriebssport in den 1970er und 1980er Jahren

Seit den 1970er Jahren erfuhr der Betriebssport beider Banken einen enormen Aufschwung, der sich nicht zuletzt auf die kontinuierliche Reduzierung der wöchentlichen Arbeitszeit zurückführen lässt. Somit gewann besonders die Frage nach einer sinnvollen Nutzung und Gestaltung der zur Verfügung stehenden Freizeit eine größere Bedeutung. Belief sich die reguläre Wochenarbeitszeit beispielsweise bei der Dresdner Bank bei ihrer Gründung 1875 noch auf 65 Stunden, so reduzierte sie sich im Zeitverlauf drastisch. Um 1900 wurde wöchentlich noch 60 Stunden, 1913 etwa 57 Stunden und 1941 50 Stunden gearbeitet. Nach dem Ende des Zweiten Weltkriegs sank die Zahl der Arbeitsstunden weiter: 1950 auf 48 Stunden, acht Jahre später auf 44 Stunden. Schließlich wurde Mitte 1974 die tarifliche Arbeitszeit auf 40 Stunden gekürzt.[144]

Während bei der Dresdner Bank 1970 insgesamt rund 4.500 Belegschaftsmitglieder im Betriebssport aktiv waren, hatte sich die Zahl bereits fünf Jahre später mehr als verdoppelt: 1975 gingen schon 10.000 Mitarbeiter in 85 Betriebssportgemeinschaften sportlichen Aktivitäten nach. Allein bei der S.V. Dresdenia in Berlin hatte sich die Zahl der Betriebssportler seit der Wiederaufnahme des Sportbetriebs im Jahr 1949 bis 1974 von 300 auf 700 mehr als verdoppelt.[145] Als einzige Betriebssportgesellschaft der Dresdner Bank fungierte die Dresdenia zudem weiterhin als gemeinnütziger Verein. 1979 zählte der Betriebssport insgesamt knapp 100 Sportgemeinschaften mit rund 14.000 aktiven Mitgliedern.[146] Bis 1988 sollte sich diese Zahl auf 18.000 Betriebssportler erhöhen, sodass sich Ende der 1980er Jahre fast die Hälfte der Gesamtbelegschaft innerhalb der Bank sportlich betätigte.[147]

Darüber hinaus wurden Ende der 1960er Jahre und während der 1970er Jahre weitere Betriebssportgesellschaften in Aachen, Bochum, Bremen, Duisburg, Freiburg, Hannover, Krefeld, Nürnberg, Stuttgart, Wiesbaden und Wuppertal gegründet.[148] Diese und die Sportgemeinschaften in Berlin, Bielefeld, Bonn, Dortmund, Düsseldorf, Essen, Frankfurt, Hagen, Hamburg, Heidelberg, Iserlohn, Köln, Mannheim, München, Münster und Osnabrück schlossen sich 1978 zur „Vereinigung der Sportgemeinschaften der Dresdner Bank AG und ihrer Tochtergesellschaften" zusammen. Die Vereinigung war vordergründig mit der Veranstaltung der Dresdner Bank-Meisterschaften beauftragt. Zudem war sie unter anderem zuständig für die Genehmigung von Veranstaltungen mit besonderem Anlass, d.h.

Tabelle 2

Mitgliederzahlen der Sportgemeinschaften in den Niederlassungsbereichen der Dresdner Bank von 1976 bis 1979[149]

Niederlassungsbereich der Dresdner Bank	Jahr			
	1976	1977	1978	1979
Bielefeld	268	397	402	422
Bremen	341	349	389	400
Dortmund	852	938	1.086	1.171
Düsseldorf	1.852	2.010	2.131	2.202
Essen	406	449	465	532
Frankfurt	1.264	1.383	1.639	1.904
Hannover	273	354	402	425
Hamburg	1.127	1.165	1.228	1.299
Köln	837	930	994	1.044
Mannheim	890	1.049	1.099	1.311
München	368	392	446	553
Nürnberg	387	469	487	531
Stuttgart	625	727	804	870
Wiesbaden	356	399	422	463
Berlin	770	918	988	976
Mitgliederzahl (gesamt)	**10.616**	**11.929**	**12.982**	**14.103**

wenn Sportgesellschaften Wettkämpfe im Ausland oder gegen ausländische Sportler planten. Über solche Veranstaltungen musste die Vereinigung nicht nur stets informiert werden, sondern ihr oblag auch ein Vetorecht gegen die Durchführung der Veranstaltung, falls die beantragten Zuschüsse über die Zuständigkeit der jeweiligen Niederlassung der Dresdner Bank hinausgingen und diese nicht ausreichten, um die Wettkämpfe durchzuführen. Voraussetzung für die Mitgliedschaft einer Sportgemeinschaft in der Vereinigung war eine Mindestanzahl von 100 Betriebssportmitgliedern.[150]

Bei der Commerzbank erfuhr der Betriebssport seit Ende der 1970er Jahre ebenfalls einen erheblichen Aufschwung. Maßgeblich verantwortlich war hierfür ein neues Konzept für den Betriebssport, das eine einheitliche Regelung für die Organisation und Finanzierung des Sports innerhalb der Bank schuf und 1976 vom überregionalen Gesamtsportausschuss (GSA) entwickelt worden war. Dieser vertrat die Interessen der Betriebssportler gegenüber der Geschäftsleitung und organisierte die internationalen, regionalen sowie überregionalen Veranstaltungen. Zudem war es Aufgabe des Gesamtsportausschusses, die Budgetanforderung zu erstellen und für die Einhaltung des Budgets zu sorgen. Nach Genehmigung des Vorstands trat die neue Konzeption ab 1977 in Kraft. Von nun an gewährte die Commerzbank ihren Mitarbeitern und Pensionären innerhalb der Betriebssportgemeinschaften einen jährlichen Grundbetrag von 25 DM. Darüber hinaus leistete sie einen Zuschuss in Höhe des Eigenanteils der einzelnen Betriebssportler von monatlich maximal 3,50 DM pro Person, was 42 DM jährlich entsprach.[151] Dieser Zuschuss wurde bereits im Januar 1980 aufgrund gestiegener Kosten für Hallen- und Platzmieten auf 4 DM erhöht, was bedeutete, dass auch die Beiträge der Mitglieder auf 4 DM anstiegen.

Bei einer Mitgliedschaft in mehreren Sportsparten erhöhte sich dieser Betrag auf maximal 6 DM im Monat.[152] Die einzelnen Betriebssportgemeinschaften konnten die Beiträge für jede Sparte entsprechend dem jeweiligen Kostenniveau selbst festlegen. Mit Ausnahme von international und überregional veranstalteten Treffen sollten die sportlichen Aktivitäten jeder Sportgemeinschaft, einschließlich zusätzlicher Kosten für Fahrgelder und Verpflegungs- und Bewirtungskosten, vollständig aus dem Budget finanziert werden. Für die Gewährung der Zuschüsse mussten jedoch zwei Voraussetzungen erfüllt sein:

Laufen, Springen und
Werfen zählen zu den
Kernsportarten der
Leichtathletik;
hier Beispiele aus den
1970er Jahren.

Zunächst musste sich jede Betriebssportgemeinschaft gemäß einer Mustersatzung konstituieren und organisieren. Somit diente jede Sportgemeinschaft innerhalb der Commerzbank von nun an einem einheitlichen Zweck:

„Die Betriebssportgemeinschaft will für die Betriebsangehörigen der Commerzbank AG und Tochtergesellschaften die Möglichkeit zur gemeinschaftlichen Betätigung in Spiel und Sport und zur Pflege der Geselligkeit schaffen. Die sportliche Tätigkeit soll dem Ausgleich gegenüber der beruflichen Arbeit dienen, ohne Spitzen- oder Leistungssport anzustreben."[153]

Zweitens sollte ein örtlicher Sportausschuss gebildet werden, dem auch die Spartenleiter angehörten und der aus mindestens drei Mitgliedern bestand. Da jede Sportart im Sportausschuss vertreten sein sollte, konnte ein Spartenleiter auch mehrere Sportarten repräsentieren. Für die Gründung einer Sportsparte mussten sich zudem mindestens sieben Mitglieder finden; bei einer Mannschaftssportart entsprach die Mindestanzahl der Mitglieder der jeweilig benötigten Mannschaftsstärke. Da kleinere Geschäftsstellen diese Voraussetzungen nicht immer erfüllen konnten, wurde ihnen die Möglichkeit geboten, sich hierfür mit anderen Geschäftsstellen zusammenzuschließen.[154]

So bildeten 1977, kurz nach Einführung des neuen Betriebssportkonzepts, beispielsweise die Filialen in Bad Homburg und Oberursel getreu dem Motto „Getrennt arbeiten – vereint trainieren" eine eigene Betriebssportgemeinschaft. Auch wenn diese zunächst nur die Sparte Tennis anbot, war die Mindestanzahl von Mitgliedern mit 17 Tennisspielerinnen und Tennisspielern durch die Kooperation beider Filialen schnell erreicht. Trainiert wurde einmal wöchentlich auf einer parkähnlichen Tennisanlage der Günther-Quandt-Gesellschaft in Bad Homburg, auf der sich auch ein Holzhaus befand, das als Aufenthalts- und Umkleideraum diente. Die Betriebssportgruppe stellte den Spielern auch einen eigenen Tennislehrer zur Verfügung, dessen Trainerstunden jedes Mitglied selbst zahlen musste. Das Angebot nahm insbesondere die Anfängergruppe äußerst gerne an.[155]

Schließlich schloss die Commerzbank im Zuge des neuen Sportkonzepts noch eine generelle Sportunfallversicherung ab, die die bisherigen Unfallversicherungen der einzelnen Sportgruppen ersetzte und für jegliche Körperschäden aufkam, die bei der Ausübung des Betriebssports, bei Wettkämpfen und auch auswärtigen Sportveranstaltungen entstanden. Der Versicherungsschutz galt jetzt für alle Mitglieder der Betriebssportgemeinschaften als auch für Bankmitarbeiter, die an Sportveranstaltungen der Commerzbank teilnahmen.[156]

Auch infolge der Neuregelung der finanziellen Zuschüsse erfreute sich der Betriebssport nun bundesweit immer größerer Beliebtheit und weitere Betriebssportgesellschaften gründeten sich in den 1970er Jahren, darunter in Aachen, Bochum, Bremen, Freiburg, Mönchengladbach, Lübeck, Nürnberg und Stuttgart.[157] Im Jahr 1979 waren knapp 3.800 Commerzbanker in 100 Betriebssportgemeinschaften aktiv.[158] Innerhalb der folgenden drei Jahre erhöhte sich die Mitgliederzahl insgesamt auf fast 5.000 Mitarbeiter – das waren rund 20 Prozent der Gesamtbelegschaft.[159] 1986 waren dann bereits 6.000 Mitglieder in 160 Betriebssportgesellschaften registriert.[160]

Fußball und Kegeln zählten seit Mitte der 1970er Jahre zu den beliebtesten Sportarten innerhalb des Betriebssports der Commerzbank. In den 1980er Jahren gehörte Kegeln mit über 1.000 Anhängern sogar zur mitgliederstärksten Sparte, gefolgt vom Fußball, der etwa 630 Spieler begeistern konnte. Als Alternative zum Kegelsport bot die Commerzbank auch Bowling an. 1979 gab es bundesweit insgesamt zwar erst 14 Bowlinggruppen, doch der Sport wurde zusehends populärer. Im Gegensatz zu den üblichen Kegelbahnen, wo oft nur eine Bahn existierte, konnten in den Bowling-Anlagen auch größere Gruppen gleichzeitig auf mehreren Bahnen spielen. So ließen sich nach Feierabend auch interne Vergleiche unter Kollegen durchführen. Die Frankfurter Bowlinggruppe etwa, die sich 1976 gründete und drei Jahre später schon über 22 Mitglieder verfügte, trug vierteljährlich interne Pokalspiele aus.[161] Seit 1982 spielte die Gruppe sogar mit zwei Mannschaften in der Liga des Betriebssportverbands Hessen und nannte sich BSG Wettkampfbowling. Da sich die Betriebssportler auch gegen andere Filialen innerhalb der Commerzbank messen wollten, organisierten sie 1985 das erste überregionale Bowlingturnier in Frankfurt. Hieran beteiligten sich die Berliner Commerzbank und die Filialen Bielefeld, Bremen, Essen, Hannover, Kiel, Nürnberg, Offenbach und Rendsburg. Der Einladung aus Frankfurt folgten auch eifrige Bowlingspieler der Auslandsfiliale in Brüssel, die dem Turnier einen internationalen Flair verliehen. Auf das Siegertreppchen schafften es schließlich die Betriebssportmannschaften aus Bremen, Frankfurt und Berlin.

Dass der Betriebssport auch in den Benelux-Ländern Einzug gehalten hatte, bewiesen unter anderem einige weibliche Angestellte der

Beim Commerzbank-Fußballturnier im Jahr 1977, an der die
Mannschaften der Hauptverwaltungen Frankfurt, Hamburg, Düsseldorf
und Berlin antraten, gewann die Mannschaft aus Düsseldorf.

Urkunde Fußball-
turnier 1974.

Tochtergesellschaft Commerzbank International Luxembourg (CISAL). Sie schlossen sich schon 1983 zu einer Damen-Fußballmannschaft zusammen[162] und trafen sich u.a. auch einmal jährlich mit der Altherren-Mannschaft der CISAL zu einem traditionellen Fußballspiel.

Die generell große Begeisterung für den Fußball innerhalb der Commerzbank wurde schon seit Mitte der 1960er Jahre mit einem traditionellen Fußballturnier gekrönt, bei dem regelmäßig die Hauptverwaltungen der Commerzbank in Frankfurt (Süd), Hamburg (Nord), Düsseldorf (West) und der Berliner Commerzbank um den Commerzbank-Wanderpokal kämpften. Als 1977 das Turnier in Düsseldorf ausgetragen wurde, nutzten die Gastgeber ihren Heimvorteil und gewannen 5:2 gegen Berlin. Ein Jahr später reisten die Düsseldorfer dann als Favoriten nach Frankfurt, doch die Berliner revanchierten sich und holten im Endspiel gegen Frankfurt den Wanderpokal nach Hause.[163] Seit 1979 nahmen bis auf die Berliner Commerzbank nicht mehr automatisch die Mannschaften der drei Hauptverwaltungen am Turnier teil, sondern die Mannschaften wurden in Vor- und Zwischenrunden ermittelt, die aber jeweils aus einem der Bereiche „Nord", „West" und „Süd" kamen. So qualifizierten sich für 1979 neben Hamburg für den Norden, erstmals die Betriebssportgesellschaften aus Velbert und Nürnberg für den Westen und Süden.[164]

Darüber hinaus wurden auch auf regionaler Ebene Fußballturniere ausgetragen, wie beispielsweise innerhalb der Commerzbank Westgruppe, zu dem nur die Filialen des Bereichs West geladen waren. Neben der Filiale Düsseldorf und dem Gastgeber Dortmund traten so im Jahr 1974 auch die Betriebssportgruppen der Geschäftsstellen in Bielefeld, Bochum, Duisburg, Essen, Köln, Krefeld, Münster und Siegen gegeneinander an.

Im Rahmen der europäischen Bankenkooperation, die die Commerzbank seit Anfang der 1970er Jahre einging, nahmen die Betriebssportler fortan auch an internationalen Sportveranstaltungen teil: 1970 schlossen zunächst die Commerzbank und der französische Crédit Lyonnais einen Kooperationsvertrag auf allen Gebieten des Bankgeschäfts, der unter anderem Finanzierungen jeglicher Art, Organisationsfragen und den Aufbau eines internationalen Banknetzes umfassen sollte. Ein Jahr später trat auch der italienische Banco di Roma bei. Die drei Banken bildeten von nun an die Europartners-Gruppe, der sich 1973 auch der spanische Banco Hispano Americano

Am Europartners-Sportfest 1972 beim Banco di Roma nahmen
auch Vorstandsmitglieder der Partnerbanken teil;
4.v.r.: Götz Knappertsbusch von der Commerzbank.

als viertes Mitglied anschloss.[165] Als gemeinsames Symbol der Europartners-Gruppe führte die Commerzbank zudem ihr neues Logo „quatre vents" ein, die „Windrose, die für Offenheit in alle vier Windrichtungen"[166] stand. Diese sollte bis 2009 auch viele Trikots der Betriebssportler zieren.

So folgten die Commerzbanker seit 1972 der Einladung zum Europartners-Sportfest, das alle zwei Jahre am Hauptsitz einer der vier Banken stattfand. 1978 reisten die Betriebssportler der Commerzbank zum vierten Sportfest nach Madrid, dem Sitz des Banco Hispano Americano. Als exklusive Sportstätte für die Austragung der Wettkämpfe in den Sportarten Fußball, Handball, Basketball, Volleyball, Tennis, Tischtennis und Schach dienten die Sportanlagen des berühmten Clubs Real Madrid. Die Commerzbanker konnten sich nach spannenden Kämpfen im Handball, Tennis und Tischtennis gegen die Gegnerbanken durchsetzen und holten sich schließlich den Gesamtsieg. Dies war der dritte Sieg in Serie, da sie bereits das zweite und dritte Europartners-Sportfest gewonnen hatten.[167] Zwei Jahre später versuchten die Sportler ihren Titel wieder zu verteidigen. Diesmal wurden die Kooperationsspiele anlässlich des 100-jährigen Bestehens des Banco di Roma vom 5. bis 8. Juni 1980 in der italienischen Hauptstadt veranstaltet. Allein die Eröffnungsfeier war daher schon ein großes Erlebnis für alle Teilnehmer: Höhepunkt der im olympischen Stil gestalteten Feier, einschließlich dem Einmarsch der Mannschaften mit Fahnen und Nationalhymnen, war die Bildung des gemeinsamen Logos, das etwa 100 Kinder im Stadion formten. Die musikalische Untermalung steuerte die Polizeikapelle der Stadt Rom bei. Und auch die Sportanlage des Banco di Roma ließ keine Wünsche offen – immerhin absolvierte hier sogar die deutsche Fußballnationalmannschaft nur wenige Tage nach den Kooperationsspielen ihr Vorbereitungstraining für die Europameisterschaft, die kurze Zeit später in Italien startete. Sportlich gesehen konnten die Mannschaften der Commerzbank nicht an die Vorjahressiege anknüpfen und in keinem Wettbewerb den ersten Platz belegen. Die Enttäuschung unter den Sportlern war groß, aber der Gastgeber war in diesem Jahr zu stark gewesen und hatte in den meisten Sportarten das bessere Team gehabt. Dennoch „überwog die Mitfreude über den ersten Rang des Gastgebers zu seinem hundertsten Geburtstag die Enttäuschung über [die] unbefriedigende Platzierung."[168] Zum Trost gab es kurze Zeit später eine gute Nachricht: Die Bundesrepublik Deutschland wurde im Finale von Rom Fußballeuropameister.

Neben dem Europartners-Sportfest war das „Ski-Meeting Interbancario Europeo" eine weitere Sportveranstaltung mit internationalem Charakter, an der sich die Commerzbank im Zuge der Kooperation mit dem Banco di Roma seit den 1970er Jahren beteiligte. 1961 von Betriebssportgemeinschaften italienischer Banken ins Leben gerufen, wurde es im Laufe der Jahre zu einer der wichtigsten Wintersportveranstaltungen des Bankensektors. 1977 nahmen bereits rund 1.500 Sportler von 126 Kreditinstituten aus neun europäischen Ländern teil. Auch die Skisportler der Commerzbank nutzten die Gelegenheit, ihre Bank nach besten Kräften zu vertreten und stellten sich beim Riesentorlauf sowie Ski-Langlauf in verschiedenen Altersklassen der harten Konkurrenz. Auch wenn die Geschäftsstellen der Commerzbank überwiegend nicht in typischen Skigebieten lagen, konnten insbesondere die Damen in diesem Wettbewerb einige Punkte holen. 1982 bewiesen Monika Gerlach und Waltraud Nehring ihr Skitalent

Der Europa-Meister im Stadion unserer Partnerbank

→ Seinem herzlichen Dank für die Gastfreundschaft des Veranstalters haben wir uns gerne angeschlossen. Schließlich überwog die Mitfreude über den ersten Rang des Gastgebers zu seinem hundertsten Geburtstag die Enttäuschung über unsere unbefriedigende Plazierung. 1982 wird die Commerzbank die 6. Kooperationsspiele ausrichten.

(Fajkus/Dr. U. Jahn/Red., HV-Ffm.)

Als der Fotograf dieses Bild der deutschen Nationalfußballer auf dem Rasen von Settebagni schoß, konnte er noch nicht wissen, daß er die Meister-Elf Europas auf dem Negativ hatte. Aber die Sportanlage des Banco di Roma in diesem Vorort Roms ist so vorzüglich, daß sie selbst den Ansprüchen der Profis aus der deutschen Bundesliga genügte; die bezogen nämlich gleich nach den Kooperationsspielen den Platz für ihr Vorbereitungs-Training zur Europa-Meisterschaft.

Die deutsche Fußballnationalmannschaft, aufgenommen vor einem Trainingsspiel im Stadion des Banco di Roma in Rom, 1980.

und gewannen in der Mannschaftswertung sogar eine Silbermedaille – ein hervorragendes Ergebnis, wenn man berücksichtigt, dass schon fast 170 Banken in diesem Jahr teilnahmen. Auch in den Folgejahren fanden sich immer wieder genügend Mitglieder, die das Ski-Meeting-Team verstärkten.[169]

Ebenfalls in den 1970er Jahren verstärkte auch die Dresdner Bank ihre internationalen Aktivitäten, indem sie neben dem Aufbau weiterer Auslandsfilialen auch enge Kooperationen im internationalen Bankgeschäft knüpfte. 1972 gründete die Bank zusammen mit der Bayerischen Hypotheken- und Wechsel-Bank (München), der Algemene Bank Nederland N.V. (Amsterdam) und der Banque de Bruxelles (Brüssel) die „ASSOCIATED BANKS OF EUROPE CORPORATION S.A. (ABECOR)" mit Sitz in Brüssel.[170] Zwei Jahre später schlossen sich drei weitere europäische Banken, die Banca Nazionale del Lavoro (Rom), die Banque Nationale de Paris (BNP) und die Barclays Bank aus London an. Die neue Bankengruppe fungierte nun unter der kürzeren Bezeichnung „ASSOCIATED BANKS OF EUROPE (ABECOR)".[171] So erhielten auch die Betriebssportler der Dresdner Bank seit 1977 die Möglichkeit, sich in international ausgetragenen Wettkämpfen gegen die Sportler der Partnerbanken zu messen. Ziel war es, die Kooperation innerhalb der ABECOR insbesondere bei den Mitarbeitern zu fördern und neue Freundschaften zu

ABECOR-Bowling-Turnier

Vom 2. bis 4. November 1979

Ankunft – Flughafen, Algemene Bank Nederland N. V.

Damen-Mannschaftssieger nach Pokalüberreichung, Barclays Bank.

ABECOR-Bowling-Turnier in Frankfurt.
Bericht in der „Wir" vom Dezember 1979.

schließen. 1977 lud zunächst die Banque Nationale de Paris zu einem Tennisturnier ein, kurz darauf waren die Banker zu Gast in Rom beim ABECOR-Schachturnier der italienischen Banca Nazionale del Lavoro.[172] Ein Jahr später wurden innerhalb der Bankengruppe Tischtennis-Meisterschaften veranstaltet, zu denen die Dresdner Banker nach Amsterdam reisten. 1979 spielten die Banker um den Sieg beim ABECOR-Bowling-Turnier in Frankfurt.[173] Viele weitere Sportbegegnungen der ABECOR-Partnerbanken sollten folgen.

Mitte der 1970er Jahre hatte die Sportgemeinschaft der Dresdner Bank in Frankfurt bereits mehr als 700 Mitglieder. Bis 1979 sollte sich die Zahl auf über 1.000 Betriebssportler erhöhen. Im Vergleich zu den drei anderen großen Sportvereinigungen in Düsseldorf, Berlin und Hamburg, die mittlerweile zwischen 15 und 20 verschiedene Sportarten anboten, verfügte die Frankfurter Sportgemeinschaft zu diesem Zeitpunkt schon über eine Auswahl von 24 unterschiedlichen Sparten. Hierzu zählten neben den bundesweit verbreiteten Sparten wie Fußball, Gymnastik, Handball, Kegeln, Bowling, Leichtathletik, Rudern, Schach, Skat, Schießen, Schwimmen, Tennis, Tischtennis, Volleyball, Wandern, Wintersport und Radfahren auch speziellere Sportarten wie Reiten, Basketball, Squash, Karate und Tanzen sowie eine eigene Sparte für Chorgesang.[174] 1980 wurde in Frankfurt sogar eine eigene Sparte „Briefmarkensammeln" in das Freizeitangebot der Sportgemeinschaft aufgenommen. Seit Mitte der 1980er Jahre bot die Hauptzentrale der Dresdner Bank mit der Sparte „Malerei" zudem eine weitere sinnvolle Abwechslung zum stressigen Büroalltag.[175]

Der Frankfurter Chor wurde 1979 von 20 sangesbegeisterten Bankerinnen und Bankern gegründet. Der erste Chorleiter hieß Karl-Heinz Höpfer und trat mit seiner kleinen Gruppe schon nach kurzer Zeit bei Jubiläen, Geburtstagen und Verabschiedungen in der Bank auf. Seit den 1980er Jahren knüpfte man wertvolle Kontakte zu den Chören der Filialen in Düsseldorf, Hamburg und Köln, mit denen man sich fortan alle zwei Jahre zu gemeinsamen Konzerten verabredete. 1987 erlebten die Sängerinnen und Sänger ihr ganz persönliches Highlight: Sie durften bei einem Wohltätigkeitskonzert zugunsten der Deutschen Herzstiftung im Frankfurter Römer vor großem Publikum singen.[176]

Ebenfalls 1979 wurde auch die Sparte „Tanzen" in Frankfurt ins Leben gerufen. Der Tanzsport erfreute sich in Deutschland zu dieser Zeit immer größerer Beliebtheit und so war es nicht verwunderlich, dass dieser auch Einzug in den Betriebssport der Dresdner Bank erhielt. 60 Bankerinnen und Banker nahmen an der Gründungssitzung teil, die nach nur 75 Minuten schon wieder beendet gewesen sein soll. Anscheinend waren sich die Tänzerinnen und Tänzer schnell über das Ziel einig geworden, das die Sparte verfolgen sollte. Im Gründungsprotokoll hieß es, dass die sportliche Betätigung der Mitarbeiter im Vordergrund stehen sollte: „Weil Banker sowieso den ganzen Tag mehr oder weniger bewegungslos an ihren Schreibtischen sitzen, kann es ihnen generell nicht schaden, sich wenigstens am Abend ein bisschen zu bewegen."[177] Von nun an tauschte man das Bankparkett nach Feierabend mit dem Tanzparkett. In den ersten Jahren kamen die Dresdner Banker während des Tanztrainings durch eine Kooperation mit dem Frankfurter Tanzclub Schwarz-Silber e.V. sogar in den Genuss eines professionellen Tanzlehrerpaares: Gisela und Karl-Heinz Lonnes hatten bereits eine langjährige Tanz- und Turnierkarriere hinter sich – beide gewannen 1975 die Deutsche Meisterschaft in der Klasse-A Standard – bevor sie den Bankern einmal in der Woche die Grundschritte des Standardtanzes beibrachten. Und nach einigen anstrengenden Trainingseinheiten hatte auch die Betriebssportgruppe mit Brunhilde und Samuele di Lucente ein erfolgreiches Tanzpaar, das regemäßig an offiziellen Tanzturnieren des Deutschen Tanzsportverbands teilnahm.[178]

Während die Mitgliederzahlen in den 1970er Jahren stetig stiegen, war auch die Eröffnung eines eigenen Clubhauses nur noch eine Frage der Zeit. Der tatkräftigen Unterstützung zweier Vorstandsmitglieder der Dresdner Bank verdankte die Sportgemeinschaft Frankfurt dann Mitte der 1970er Jahre den Erhalt des exklusiven Clubhauses am Schaumainkai 65, am Frankfurter Mainufer neben dem Städelmuseum. Hans-Joachim Schreiber, seinerzeit Vorstandsmitglied der Dresdner Bank, war zugleich Vorsitzender der 1869 gegründeten Frankfurter Rudergesellschaft „Germania", die seit 1928 die prächtige Villa am Museumsufer als Boots- und Clubhaus nutzte. Schreiber war auf der Suche nach einem potenziellen und finanzkräftigen Mieter für das sanierungsbedürftige Clubhaus des Rudervereins, da die Germanen die Kosten damals nicht hätten alleine tragen können. In seinem Vorstandskollegen Professor Dr. Karl Friedrich Hagenmüller fand er

Die mit dem Samuele tanzen
Die Sparte Tanzen

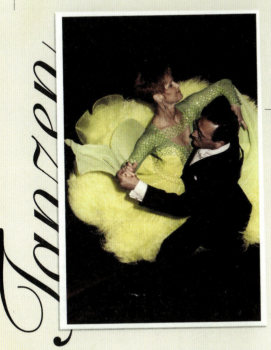

Brunhilde und Samuele di Lucente prägen seit Jahren sportlich als auch organisatorisch die Sparte Tanzen

Die Gründung der Sparte Tanzen konnte im April 1979 erfolgen.

Das bestehende Problem – Engagement eines Tanzlehrers – wurde durch eine Kooperation mit dem Tanzclub Schwarz-Silber e.V. gelöst. So begann das Ehepaar Karlheinz und Gisela Lonnes mit dem Training begeisterter Tanzpaare. Das erste Ziel, das Deutsche Tanzsportabzeichen, wurde von der ersten Gruppe schon nach kurzer Zeit erreicht. Inzwischen ist es zu einer festen Einrichtung geworden.

An dem zweiten Ziel, Durchführung und Teilnahme an Tanzturnieren wurde intensiv gearbeitet. Mit großem Fleiß und ständigem Training haben es Samuele und Bruni di Lucente erreicht: Sie tanzen erfolgreich bei offiziellen Tanzturnieren des Deutschen Tanzsportverbandes.

Der Zuspruch ist seit Jahren so groß, dass jeweils im Herbst ein Eingangskreis gestartet wird und „neue Paare" die Geheimnisse des Tanzens erlernen können. Nach Abschluss bietet sich die Möglichkeit, an einer der Übungsstunden für Fortgeschrittene teilzunehmen. So findet ein ständiger Wechsel statt und immer neue Tänzerinnen und Tänzer finden zu uns.
Das Repertoire umfasst alle gängigen Standard- und lateinamerikanischen Tänze und es können auch Gruppen für spezielle Tänze eingerichtet werden. ■

27

Das erfolgreiche Paar der Tanzsparte,
Brunhilde und Samuele di Lucente, 1979.

Das neu eröffnete Clubheim „Germania" im Jahr 1978.

daraufhin einen Befürworter für eine zukünftige Zusammenarbeit. Als Förderer des Betriebssportsgedankens, der bereits wichtige Impulse für die Einführung der Bankmeisterschaften gegeben hatte, war Hagenmüller zu dieser Zeit verantwortlich für die Ressorts Personal und Organisation. Gemeinsam beschlossen sie, das traditionsreiche Clubhaus von der Dresdner Bank sanieren zu lassen und ihrer Frankfurter Sportgemeinschaft im Gegenzug die langfristige Nutzung einiger Räumlichkeiten zu ermöglichen. So mietete die Bank einige Räume im Unter- und Erdgeschoss sowie alle Räumlichkeiten ab dem 1. Obergeschoss, inklusive der Terrasse. Die offizielle Eröffnung des Clubheims wurde am 9. Juni 1978 mit 120 geladenen Gästen gefeiert. Im Rahmen der Feierlichkeiten hielt Professor Dr. Hagenmüller die Festansprache und betonte die sportlichen Möglichkeiten, die sich aus der neuen Kooperation für den Rudersport ergaben. Anschließend taufte er drei bankeigene Boote auf die Namen „Drumbo", „Hobby" und „Hanau".[179]

Das Clubhaus wurde von den Sportlern nicht nur für sportliche Zwecke genutzt, sondern entwickelte sich auch zu einem kommunikativen Zentrum der Dresdner Bank: Neben sportlichen Events fanden hier fortan diverse Bankveranstaltungen, Abteilungsfeiern, Jubiläen und wichtige Geburtstage statt. Die langjährige und gute Kooperation zwischen einer der ältesten deutschen Rudergesellschaften und der Dresdner Bank sollte um die Jahrtausendwende noch weiter vertieft werden, indem das Clubhaus erneut aufwändig saniert, die alte Boots- halle abgerissen und ein neuer Saal angebaut wurde. Die von der Dresdner Bank übernommenen Baukosten betrugen damals rund 11 Millionen DM.[180] Die Entscheidung für die Sanierung und den Neubau lag auch darin begründet, dass die Bank über keine ausrei- chenden Veranstaltungsräume verfügte und der Aufwand für die Durchführung von Events im Clubhaus wesentlich geringer war. Zudem boten sich für die Mitarbeiter nun auch weitere Nutzungs- möglichkeiten sowie ein attraktives Gastronomieangebot. Insbeson- dere dem Engagement Lothar Wagners – bis 2002 Vorsitzender der Sportgemeinschaft Frankfurt – war es zu verdanken, dass dieses Pro- jekt realisiert wurde und letztlich auch einen wesentlichen Beitrag zur Unternehmenskultur innerhalb der Frankfurter Bank leistete. Denn „viele Kolleginnen und Kollegen fanden allabendlich nach Dienst ihren Weg ins Clubheim, um etwas zu essen und zu trinken, um Fach- gespräche zu führen oder auch nur um neue ‚Gesichter' aus der Bank kennenzulernen und in Frankfurt Fuß zu fassen"[181], so Wagner.

In den Vorstandsreihen der Dresdner Bank gab es neben großen Unterstützern des Betriebssportgedankens auch eine Vielzahl an akti- ven Sportlern, die sich mit großem Enthusiasmus an den jährlich statt- findenden Bankmeisterschaften beteiligten. Als leidenschaftlicher Tennisspieler, der bereits wichtige Impulse für die Einführung der Bankmeisterschaften gegeben hatte, nahm auch Professor Dr. Hagen- müller regelmäßig an diesen teil. Wie jeder andere Teilnehmer musste auch er gemäß den offiziellen Vorschriften zunächst die Ausschei- dungsspiele gewinnen, um sich für die Endkämpfe zu qualifizieren. So bot sich vielen Tennisspielern – unabhängig davon ob Auszubildender oder Führungskraft – die Chance, sich auf dem Tennisplatz und auf sportlicher Ebene mit einem Vorstandsmitglied zu messen. Denn während der Bankmeisterschaften spielte die Hierarchie innerhalb der Bank keine Rolle.[182]

Nach dem Ausscheiden von Karl Friedrich Hagenmüller aus dem Vorstand befürchteten viele Sportler bereits das Ende der besonderen Förderung des Betriebssports. Doch auch Dr. Hans Friderichs, von 1978 bis 1984 Vorstandssprecher der Dresdner Bank, war ein begeis- terter Sportler. Der ehemalige Bundeswirtschaftsminister war nach

Radtour von Dr. Hans Friderichs zu den Dresdner Bank-Meisterschaften nach München 1980.

der Ermordung von Vorstandssprecher Jürgen Ponto durch die Rote Armee Fraktion (RAF) im Jahr 1977 in den Vorstand der Dresdner Bank gewechselt.[183]

Friderichs widmete sich in seiner Freizeit allerdings nicht dem Tennissport, sondern vielmehr dem Radsport. Anlässlich der Bankmeisterschaften während seiner Amtszeit ließ er sich daher etwas ganz Besonderes einfallen: Er fuhr auf seinem Rennrad von Frankfurt zum jeweiligen Austragungsort und stattete einigen Filialen, die auf der Wegstrecke lagen, einen kurzen Besuch ab. Begleitet wurde er dabei von seinen Bodyguards, die nur für diese Touren das Rennradfahren erlernen mussten. Oft schloss sich auch Vorstandskollege Kurt Morgen an, der 1980 in den Vorstand trat.[184] Pünktlich zum Finale der Endkämpfe trafen die Radfahrer dann im Stadion ein und genossen die herzliche Begrüßung der Zuschauer und Sportler.[185] So radelte die Gruppe im August 1980 in vier Tagen 450 Kilometer von Frankfurt bis nach München, da hier die 12. Dresdner Bank-Meisterschaften auf dem Olympia-Gelände stattfanden.[186]

Für Friderichs war Sport nicht nur ein Symbol für Leistung, sondern zudem ein hervorragendes Mittel, um verkrustete Hierarchien auch innerhalb der Bankstrukturen aufzubrechen: „Wenn ich im Rahmen des Betriebssports in die Pedale trete, dann hat der ‚Azubi' eben die Möglichkeit, den Vorstand zu schlagen. Ich weiß aus persönlichen Erfahrungen, welche positiven Auswirkungen dies auf die zwischenmenschlichen Beziehungen hat. Die klassenkämpferische Parole ‚Ihr da oben – wir da unten' widerlegt der Sport in vielfältiger Weise."[187] Um generell sicherzustellen, dass mindestens ein Vorstandsmitglied an jeder Bankmeisterschaft teilnahm sowie bei der Siegerehrung und beim Abschlussball präsent war, wurde der Termin für die Wettkämpfe im Vorfeld mit dem Vorstand abgestimmt.[188]

Mit großem Engagement förderte auch Dr. Wolfang Röller, seit 1971 Vorstandsmitglied und ab 1985 Vorstandssprecher der Dresdner Bank, den Betriebssport. Als passionierter Tennisspieler, der in seiner Studienzeit auch begeistert Hockey gespielt hatte, nahm er vielfach erfolgreich an den Bankmeisterschaften und anderen bankinternen Turnieren teil. „Ich schlage den Ball nicht, ich setze mich mit ihm auseinander"[189], lautete sein Erfolgsprinzip auf dem Ascheplatz. Die 1988 in Wiesbaden ausgetragenen 16. Bankmeisterschaften etwa, für die sich rund 700 von 4.000 gemeldeten Sportlern qualifiziert hatten, gewann er in der Seniorenklasse im Tennis-Doppel. Und so kam es auch schon mal vor, dass die aktiven Betriebssportler Dr. Röller in den Wettkampfpausen über den Weg liefen und sich persönlich mit ihm unterhalten konnten. Auch auf dem seit 1980 in Frankfurt im CP Plaza Hotel stattfindenden Sportlerball war er ein gern gesehener Gast.[190]

Neben dem Tennissport galt seine große Sportleidenschaft vor allem auch dem Golfsport. Während er dem Spiel auf dem grünen Rasen gerne in seiner Freizeit nachging, nahm er einmal im Jahr auch am bankinternen Golfturnier unter Vorstandsmitgliedern teil. Bei diesem spielten die aktiven Golfspieler des Vorstands um den von der Bank gestifteten Alfred-Hölling-Pokal, der nach dem 1972 verstorbenen Aufsichtsratsmitglied benannt worden war.[191] In privater Atmosphäre wurde das Turnier jedes Jahr auf einem anderen exklusiven Golfplatz im Bundesgebiet ausgetragen. 1987 fand es beispielsweise im Golf- und Land-Club am Wannsee in Berlin statt – ein denkbar historischer Ort für ein Golfspiel der Dresdner Bank, war dieser doch 1924 von Herbert M. Gutmann gegründet worden.[192]

Während Röllers Amtszeit erlebte der Betriebssport innerhalb der Dresdner Bank seine Blütezeit. So gab es Ende der 1980er Jahre rund 18.000 Mitglieder in über 100 Betriebssportgesellschaften. Allein die

Golf-Meisterschaften der Dresdner Bank in Königstein, 8. Juli 1980.
Dr. Wolfgang Röller überreicht den Siegerpokal an seinen Vorstandskollegen
Dr. Manfred Meier-Preschany.

Frankfurter Sportgesellschaft umfasste zu dieser Zeit 4.000 aktive Betriebssportler in über 40 Sparten. Nicht zuletzt demonstrierten das große Sportengagement und die aktive Teilnahme vieler Vorstandsmitglieder auch den hohen Stellenwert des Sports innerhalb der Bank. Rückblickend stellte Lothar Wagner, der langjährige Vorsitzende der Frankfurter Sportgemeinschaft, daher fest: „Ich bin mir [...] im Klaren darüber, dass der Betriebssport in der Dresdner Bank eine Stellung genoss, wie sie bestimmt nicht in vielen Häusern gegeben war. Das überwiegend in der Freizeit erbrachte Engagement der Sportlerinnen und Sportler ließ ein echtes Wir-Gefühl wachsen."[193] Auch Wolfgang Röller, der sich mit Sport körperlich und geistig fit hielt, war überzeugt davon, dass sportliche Aktivitäten das Zusammengehörigkeitsgefühl und die Gemeinschaft förderten.[194] Er sah die Bedeutung des Sports aber auch in Verbindung mit dem wirschaftlichen Leistungsprinzip: „Mit dem Sport unterstützen wir einen Bereich, den ähnliche Werte leiten wie die Wirtschaft, nämlich Wettbewerb, Leistung, Initiative und Selbstentfaltung."[195]

Unter der Ägide Röllers wurde die Sportförderung auch im Rahmen von diversen Sponsoring-Maßnahmen kontinuierlich weiterentwickelt. Im Fokus stand die Unterstützung von Amateuren und jungen Sportlern; prinzipiell ausgenommen von der Förderung waren Einzelsportler. Zusammen mit dem Deutschen Sportbund rief die Dresdner Bank 1986 beispielsweise den Wettbewerb um das „Grüne Band für vorbildliche Talentförderung im Verein" ins Leben – in Anlehnung an das Markenzeichen der Dresdner Bank. Jährlich zeichnete die Bank hiermit etwa 60 Sportvereine mit einer Prämie von je 10.000 DM aus, die erfolgreiche Jugendarbeit und Nachwuchsförderung betrieben. Bei der Auswahl der Vereine zählten neben der vorbildlichen Jugendförderung, vor allem auch die nachhaltige Talentfindung und die nationalen als auch internationalen Triumphe der Vereinsjugend.[196] Sein Äußeres hat der Nachwuchspreis in 30 Jahren oft gewechselt – er war rund, eckig, aus Acryl und aus Glas. Doch auch heute noch profitieren zahlreiche Sportvereine von der Initiative, da die Commerzbank die Auszeichnung für vorbildliche Talentführung nun mit dem Deutschen Olympischen Sportbund (DOSB)[197] weiterführt und den Kerngedanken von der Dresdner Bank übernahm: Erfolgreiche Nachwuchsarbeit belohnen und erleichtern, unabhängig davon wie groß der Verein oder die Popularität der Sportart ist. Seit 1986 wurde das

„Grüne Band" somit schon an rund 500.000 Kinder und Jugendliche aus 1.750 Sportvereinen verliehen.[198]

Eine weitere Sportaktion der Dresdner Bank im Rahmen der Kinder- und Jugendförderung, die die Commerzbank bis heute fortsetzt, ist das Hallenfußballturnier „Drumbo-Cup" für Grundschulen, Gymnasien und Gemeinschaftsschulen (bis zur 6. Klasse) in Berlin. Als Vorsitzender der Sportvereinigung Dresdenia in West-Berlin führte Hans-Jürgen Bartsch das Traditionsturnier bereits 1974 ein, an dem seit mehr als 40 Jahren schon rund 100.000 Berliner Schülerinnen und Schüler teilgenommen haben. Um den begehrten Preis kämpften im Laufe der Jahre auch einige fußballbegeisterte Jungs, aus denen sogar echte Fußballprofis wurden, darunter Pierre Littbarski, Thomas Häßler, Christian Ziege sowie Jérôme und Kevin-Prince Boateng.[199] Als Namensgeber des Turniers fungierte das langjährige Maskottchen der Dresdner Bank: „Drumbo" – ein kleiner, grüner Elefant. 1972 wurde der Kunstbegriff aus rund 1.600 eingegangen Vorschlägen zum Sieger eines Namenswettbewerbs gekürt. Er setzte sich aus „Dresdner", Walt Disneys Fantasie-Elefant „Dumbo" und einem als „Jumbo" bezeichneten Riesenelefanten aus Afrika zusammen. Zunächst nur im Design einer Spardose erhältlich, sollte er sich im Laufe der Jahre für Mitarbeiter und Kunden der Dresdner Bank zu einem begehrten Accessoire in zahlreichen Variationen entwickeln, zum Beispiel als Briefbeschwerer, Schlüsselanhänger – oder eben als Pokal für die Sieger des „Drumbo-Cups".[200]

Inspiriert von der Idee, ein großes Fußballturnier nur für Schüler zu veranstalten, richtete im Mai 1974 auch die Dresdner Bank in Düsseldorf zum ersten Mal einen „Drumbo-Cup" aus. Unter der Schirmherrschaft von Carl Graf zu Rantzau, Vorstandsmitglied der Bank, fand das Turnier im Düsseldorfer Rheinstadion statt und stand somit ganz im Zeichen der Fußballweltmeisterschaft in Deutschland – das Rheinstadion war nur wenige Wochen später einer von fünf Austragungsorten der WM-Spiele. Umso aufgeregter und voller Vorfreude nahmen 24 Schülermannschaften von umliegenden Düsseldorfer Schulen teil und spielten um die wertvolle Trophäe in Form des Spar-Elefanten.[201] In den Folgejahren wurde der „Drumbo-Cup" auch Namensgeber von diversen Veranstaltungen und Turnieren innerhalb des Betriebssports bei der Dresdner Bank, darunter beispielsweise der jährlich ausgetragene „Drumbo-Cup" im Tennis.[202]

Nahezu zeitgleich zum „Drumbo" wurde auch bei der Commerzbank ein neues Maskottchen in Form eines Hamsters eingeführt. Auch die Commerzbanker hatten auf der Suche nach einem geeigneten Namen dazu aufgerufen, Vorschläge einzureichen. Aus 45.000 Einsendungen von Kindern und Jugendlichen machte schließlich der Name „Goldi" das Rennen. So wurde auch das kleine Nagetier mit dem gelben T-Shirt seit Mitte der 1970er Jahre zum beliebten Motiv – ob als Plüschtier, Spardose oder Kostüm. Doch nicht nur für Werbezwecke wurde das Maskottchen gerne eingesetzt, sondern auch als Name für Betriebssportgruppen: So tauften sich beispielsweise die Kegelmannschaften aus Frankfurt und Bochum auf „Die Goldies".[203]

Fußballturniere um den Drumbo-Cup
der Dresdner Bank, Bericht in der „Wir"
vom 28. Juni 1974.

6

Sportgemeinschaften nach der Wiedervereinigung 1990

Am 9. November 1989 fiel die Mauer und die innerdeutschen Grenzübergänge wurden geöffnet. Im Zuge der Wiedervereinigung beider deutscher Staaten erfolgte am 1. Juli 1990 die Währungs-, Wirtschafts- und Sozialunion zwischen der Bundesrepublik Deutschland und der Deutschen Demokratischen Republik (DDR). Am 3. Oktober 1990 traten schließlich fünf neue Bundesländer der BRD bei und besiegelten damit die deutsche Einheit.

Unmittelbar nach dem Mauerfall eröffnete die Dresdner Bank am 2. Januar 1990 als erstes westdeutsches Finanzinstitut in der DDR ein eigenes Büro. Nur zehn Tage später folgte die Eröffnung von Büros in Ostberlin und Leipzig. Zur offiziellen Einweihung des Büros in Dresden reiste der Vorstand unter Vorsitz von Dr. Wolfang Röller Ende Januar mit dem Zug an und hielt während der Fahrt eine „historische Vorstandssitzung auf Rädern". Dies dokumentierte die starke Verbundenheit der Bank mit ihrer Gründungsstadt, deren Namen sie seit fast 120 Jahren trug und in die sie nun nach 45 Jahren erstmals wieder zurückkehrte. Am 25. Juni 1990 gründeten die Dresdner Bank und die staatliche Deutsche Kreditbank AG das Joint Venture Dresdner Bank Kreditbank AG. Mit Inkrafttreten der Währungs-, Wirtschafts- und Sozialunion und unter Mithilfe von 35 eigenen Filialen und 72 Geschäftsstellen der Kreditbank wurde wenige Tage später die Deutsche Mark eingeführt. Ein Jahr danach – mit Rückwirkung auf den 1. Januar 1991 – wurde die Dresdner Bank Kreditbank schließlich mit der Dresdner Bank verschmolzen. 1991 entstanden in Berlin, Dresden und Leipzig drei neue große Niederlassungsbereiche. Im gleichen Jahr fusionierte schließlich auch die 1949 als Bank für Handel und Industrie gegründete Dresdner Bank Berlin AG mit der Dresdner Bank.[204] Am 15. Mai 1992 hielt die Dresdner Bank nach rund 50 Jahren wieder eine Hauptversammlung in ihrer Gründungsstadt ab.[205]

Und auch der Einzug des Betriebssports ließ in Dresden nicht lange auf sich warten. Bereits im Mai 1990 wurde hier die erste Sportgemeinschaft der Dresdner Bank in der DDR gegründet. An der Gründungsversammlung nahmen 18 Mitarbeiterinnen und Mitarbeiter teil. Noch im gleichen Jahr wuchs die Zahl auf 30 Mitglieder an, die sich in den Sportarten Leichtathletik und Tennis betätigten. Tennis konnten die neuen Betriebssportler auf der Anlage der BSG Dresdner Verkehrsbetriebe spielen. Die Leichtathleten der Sportgemeinschaft nutzten das im Sportpark Ostragehege (Ostrapark) in Dresden gelegene Heinz-Steyer-Stadion, in dem 1990 die letzten Leichtathletik-Meisterschaften der DDR stattgefunden hatten. Peter Runge, Vorsitzender der Sportgemeinschaft Dresden, hatte sich frühzeitig mit seinem siebenköpfigen Sportvorstand um die Nutzungsberechtigung der Sportstätten bemüht und war zuversichtlich, dass sich der Betriebssport schnell etablieren würde: „Für uns ist es sehr wichtig, dass wir uns neben unserem langen Arbeitstag einmal wöchentlich sportlich betätigen können. Wenn es im Herbst früher dunkel wird, werden sicherlich auch noch Hallensportarten in unser Programm aufgenommen, ich denke dabei an Schwimmen und Volleyball. Ich bin mir dabei sicher, dass die Mitgliederzahl unserer Sportgemeinschaft auch im Hinblick auf die jetzige Präsenz unserer Bank in Dresden sehr schnell ansteigen wird." Das tat sie, denn 1992 gehörten der Sportgemeinschaft schon über 400 aktive Mitglieder an.[206] Im November 1991 bildete sich auch in Leipzig eine eigene Sportgemeinschaft, die schon zu Anfang über ein umfangreiches Sportangebot verfügte. Dieses reichte von Tennis über Volleyball, Gymnastik und Schwimmen bis hin zu asiatischen Kampfsportarten und Klettern in der Sächsischen Schweiz.[207]

Auch die überregionalen Betriebssportaktivitäten der Dresdner Bank sollten Anfang der 1990er Jahre ganz im Zeichen der deutschen Wiedervereinigung stehen. Bereits bei den 18. Dresdner Bank-Meisterschaften, die 1991 in Frankfurt stattfanden, nahmen zum ersten Mal auch Sportler aus den neuen Bundesländern teil. 1992 war es dann endlich soweit: Wenige Monate nach der ereignisreichen Hauptversammlung in Dresden wurden auch die Dresdner Bank-Meisterschaften erstmals in der sächsischen Metropole ausgetragen. Vom 25. bis 27. September traten mehr als 400 sportliche Bankangestellte in den fünf Disziplinen Fußball, Handball, Leichtathletik, Tennis und Volleyball gegeneinander an. Auch Vorstandssprecher Dr. Wolfang Röller nahm aktiv an den Meisterschaften teil und begeisterte das Publikum zusammen mit seinem Tennispartner Jürgen Tag von der Oldenburgischen Landesbank (OLB). Seit 1978 hielt die Dresdner Bank die Mehrheitsrechte des Aktienkapitals der OLB. Die Teilnehmer aus Tochtergesellschaften in Luxemburg und Dublin verliehen dem Sportevent auch internationales Flair. Den festlichen Ausklang und die Siegerehrung feierten die Betriebssportler im Dresdner Kulturpalast mit Pokalen, viel Applaus und gutem Essen. Ein großer

19. Dresdner-Bank-Meisterschaften in Dresden:

Sächsischer Leo half beim Auslosen

Starke Löwen-pfoten hielten die gläserne Trommel, als unsere Mit-arbeiterinnen Kerstin Hennig, Marina Möhring und Sylke Kasper in der Niederlas-sung Dresden die Vorspiele, Vor- und Zwischenrunden auslosten.

Etwas ganz Besonderes hatten sich unsere Mitarbeiter der Sportgemein-schaft Dresden einfallen lassen: Zum ersten Auftakt der kommenden Dresdner-Bank-Meisterschaften am 26. September in Dresden ließen sie das Maskottchen der diesjährigen Spiele, den sächsischen Löwen zu Werbezwecken nicht nur kräftig brüllen, sondern in unserer Niederlas-sung Dresden auch zusammen mit unse-ren Mitarbeiterinnen und Mitarbeitern die Mannschaften der Vor- und Zwischenrun-den auslosen. Der Löwe war natürlich nicht echt, unter dem hübschen Kostüm aus einem der Dresdner Theater, verbarg sich ein Schauspieler, der eifrig mithalf, die Kärtchen aus der gläsernen Box mit unserem grünen Logo zu ziehen.

Zwischenrunde:

1. Luxemburg / Köln (Sieger aus Spiel 7)	– München / Hamburg (Sieger aus Spiel 3)
2. Berlin / Stuttgart (Sieger aus Spiel 2)	– Bielefeld / Mannheim (Sieger aus Spiel 6)
3. Nürnberg / Frankfurt (Sieger aus Spiel 1)	– Dortmund / Hannover (Sieger aus Spiel 5)
4. Essen / OLB Oldenburg (Sieger aus Spiel 4)	– Wiesbaden / Bremen (Sieger aus Spiel 8)

Die Sieger der Zwischenrunde nehmen an den Endkämpfen der diesjährigen Meisterschaften in Dresden teil.

Die Auslosung – dabei sind die erstgenannten Mannschaften Aus-richter der Vorspiele, Vor- und Zwi-schenrunden – ergaben folgende Spielpaarungen:

Fußball

Vorspiele:

1. Düsseldorf	– Berlin	2:7
2. Wiesbaden	– Leipzig	6:1
3. OLB Oldenburg	– Dresden	8:0

Vorrunde:

1. Nürnberg	– Frankfurt
2. Berlin	– Stuttgart
3. München	– Hamburg
4. Essen	– OLB Oldenburg
5. Dortmund	– Hannover
6. Bielefeld	– Mannheim
7. Luxemburg	– Köln
8. Wiesbaden	– Bremen

Volleyball

Damen

Gruppe 1	Gruppe 2
1. Köln	1. Frankfurt
2. Bremen	2. Wiesbaden (zurückgez.)
3. München	3. Mannheim
4. Stuttgart	4. Düsseldorf

Gruppe 3	Gruppe 4
1. Dortmund	1. Essen
2. Berlin	2. Luxemburg
3. Hannover	3. Hannover

Herren

Gruppe 1	Gruppe 2
1. Hamburg	1. Essen
2. Leipzig	2. Berlin
3. Hannover	3. Wiesbaden
4. Luxemburg	4. Köln
5. Bielefeld	

Gruppe 3	Gruppe 4
1. Frankfurt	1. Dortmund
2. Düsseldorf	2. Bremen
3. Nürnberg	3. Stuttgart
4. Mannheim	4. München

Handball

Herren

Gruppe 1	Gruppe 2
1. Hannover	1. Düsseldorf
2. Frankfurt	2. OLB Oldenburg
3. Dortmund	3. Köln
4. Stuttgart	4. Leipzig

Gruppe 3	Gruppe 4
1. Berlin	1. Bielefeld
2. Wiesbaden	2. München
3. Nürnberg	3. Mannheim
4. Hamburg	4. Bremen

Damen

Gruppe 1	Gruppe 2
1. München	1. Frankfurt
2. Mannheim	2. Düsseldorf
3. Hannover	3. Berlin
4. Dortmund	4. Hamburg
5. Dresden	

Die Gruppenersten (bei den Hand-ball-Damen die Erst- und Zweit-plazierten) qualifizieren sich für die Endrunde in Dresden.

10

Berichterstattung in der „Wir" über die ersten Dresdner Bank-Meisterschaften in Dresden, 1992.

Dank ging schließlich an das junge Team der Dresdner Niederlassung, das die Sportveranstaltung zum ersten Mal organisiert hatte.[208]

Im Gegensatz zur Dresdner Bank verzichtete die Commerzbank nach der Wende auf Übernahmen oder Kooperationen mit staatlichen Banken und konzentrierte sich auf den Aufbau eines eigenen Filialnetzes in den neuen Bundesländern. Sie wollte so an ihre frühere starke Funktion in Mittel- und Ostdeutschland anknüpfen. Das erste Vertretungsbüro entstand wie bei der Dresdner Bank bereits im Januar 1990 in Ost-Berlin; im Mai folgte ein weiteres Büro in Leipzig. Die erste offizielle Filiale der Commerzbank in der DDR eröffnete der damalige Bundesaußenminister Hans-Dietrich Genscher am 30. Juni 1990, nur einen Tag vor der Währungsunion, in Halle an der Saale.[209]

Zwei Jahre später sollte auch der Betriebssportgedanke auf die neuen Mitarbeiter der Commerzbank in Mittel- und Ostdeutschland übertragen werden. Den Anfang machte die Filiale Leipzig, die am 4. Februar 1992 die erste Betriebssportgemeinschaft der Commerzbank in den neuen Bundesländern gründete. Volleyball, Handball, Bowling und Reiten gehörten zu den ersten Sportarten, die angeboten wurden. Gemäß des Betriebssportprinzips der Bank standen neben der sportlichen Betätigung als Ausgleich zur Arbeit auch insbesondere die Förderung der Geselligkeit und des Gemeinschaftssinns im Vordergrund. Im Rahmen der Mitgliederwerbung waren zudem auch Mitarbeiter nahegelegener Filialen eingeladen, an den Betriebssportaktivitäten teilzunehmen.[210] Im Mai 1992 fand zudem erstmals ein Freundschaftsturnier mit einer osteuropäischen Bank statt. Zu diesem hatte die Betriebssportgemeinschaft in Düsseldorf 25 Sportler der Handels- und Kreditbank aus Budapest geladen. Neben einem Fußballspiel standen Tennis und Kegeln auf dem Programm.[211]

Innerhalb der Commerzbank gab es inzwischen bundesweit rund 9.200 Mitglieder in über 230 Betriebssportgemeinschaften.[212] Diese beträchtlich gestiegene Mitgliederzahl machte zwei Entwicklungen deutlich: Einerseits war der Anteil der Betriebssportler im Alter von über 35 Jahren von etwa 20 Prozent im Jahr 1979 auf fast 60 Prozent im Jahr 1991 gestiegen. Zudem hatten sich die Sportpräferenzen und Interessen der Betriebssportler verändert. Der reine Gruppensport trat gegenüber dem Individualsport zusehends in den Hintergrund. Wurden bis Mitte der 1980er Jahre Mannschaftssportarten wie Fußball und Handball bevorzugt, nahm ihre Bedeutung stetig ab. Stattdessen erfreuten sich Sportarten, die man entweder in kleinen Gruppen, alleine oder auch zu zweit ausüben konnte, immer größerer Beliebtheit. Hierzu zählten Tennis, Squash, Badminton und Golf, vor allem aber auch die Themen Fitness, Aerobic und Gymnastik sowie der Wassersport Segeln. Es waren sogenannte „Lifetime"- Sportarten, denen man eben nicht nur in jungem Alter, sondern auch bis ins hohe Alter weitgehend individuell nachgehen konnte.[213]

Die sportaffinen Commerzbanker mussten in den 1990er Jahren auch nicht auf geeignete Outfits – ob für Freizeitaktivitäten oder den Betriebssport – verzichten. Die „Commerzbank Collection" bot neben Tennishemden und Tennisshorts auch Freizeitanzüge, Joggingoutfits und diverse weitere sportliche Accessoires.[214]

Titelseite des Prospekts „Commerzbank Collection für Freizeit und Sport", 1995.

Tennis gehörte Anfang der 1990er Jahre zu den beliebtesten Sportarten innerhalb des deutschen Betriebssports. Dies bestätigten auch allgemeine Umfragen zum Betriebssport: Auf die Frage „Welche Sportart würden Sie gerne betreiben?" nannten die meisten Tennis, gefolgt von Gymnastik, Squash, Karate und Fitness.[215] Spätestens seitdem Boris Becker 1985 als 17-jähriger erstmals in Wimbledon gewonnen hatte, hatte sich der Hype um den Tennissport noch weiter ausgebreitet. Auch innerhalb der Commerzbank wurde Tennis immer populärer. Insbesondere in Hamburg war die Begeisterung für den weißen Sport besonders groß. Da die Beiträge und Aufnahmegebühren in Hamburger Tennisclubs jedoch generell sehr hoch waren, beschloss die Betriebssportgesellschaft Hamburg zusammen mit der Firma Ernst Winter & Sohn bereits 1983 den Bau einer eigenen Tennisanlage mit vier Plätzen in Stellingen, im Hamburger Bezirk Eimsbüttel. Ein Clubhaus, eine Flutlichtanlage sowie ein Kinderspielhaus rundeten die familienfreundliche Anlage im Grünen ab. Und schon kurz nach der Einweihung der neuen Tennisplätze richtete die BSG Hamburg die ersten Clubmeisterschaften aus.[216] Seit Anfang der 1980er Jahre wurden innerhalb der Commerzbank auch überregionale Tennispokal-Meisterschaften ausgetragen, wofür sich die Tennisspieler im Vorfeld bei Bereichs-Ausscheidungsspielen qualifizieren mussten. Die mit Spannung erwartete erste Endrunde fand 1983 in den „Uwe-Seeler-Tennishallen" in Kaltenkirchen bei Hamburg statt. Als Gastgeber stattete auch der ehemalige HSV-Fußballspieler Uwe Seeler den Betriebssportlern höchstpersönlich einen Besuch ab.[217]

Neben den Fußball- und Tennismeisterschaften veranstaltete die Commerzbank auch in den Sportarten Golf, Handball und Tischtennis Gesamtbank-Meisterschaften. Ab 1993 fanden auch überregionale Wettkämpfe im Bowling statt. An den Ausscheidungsspielen beteiligten sich jährlich viele Einzelsportler und Mannschaften. Im Gegensatz zu den Dresdner Bank-Meisterschaften wurden die Commerzbank-Meisterschaften zwar jedes Jahr, aber jeweils nur in einer Sparte ausgetragen.[218]

Seit Mitte der 1990er fieberten insbesondere die Läuferinnen und Läufer beider Banken jährlich einem großen Sportereignis in Frankfurt entgegen – dem „Chase-Lauf". 1977 wurde die Laufveranstaltung vom Vorstand der damaligen amerikanischen Bank Manufactures Hanover in den USA ins Leben gerufen. Bei der ersten „Manufactures Hanover Corporate Challenge" in New York starteten damals 200 Läufer aus

Hamburg:
Deutsche
Tennispokal-Meisterschaft

Im letzten Jahr wurden die Bereichs-Ausscheidungsspiele zur Deutschen Tennispokal-Meisterschaft der Commerzbank ausgetragen. Bei den Damen konnten sich die Mannschaften aus Hamburg, Düsseldorf und Frankfurt qualifizieren; Vorrunden-Sieger bei den Herren waren die Mannschaften aus Hamburg, Düsseldorf und Freiburg.

Die mit Spannung erwartete Endrunde wurde in den „Uwe-Seeler-Tennishallen" in Kaltenkirchen bei Hamburg ausgetragen.

Der Gastgeber Uwe Seeler mit unserem Hamburger Spieler Reimer Kölln.

Bericht in „Commerzielles" über die Tennismeisterschaften in Kaltenkirchen bei Hamburg mit Gastgeber Uwe Seeler, 1985.

Am Ende der Runde gingen die heiß umkämpften Pokale sowohl an die Damen als auch an die Herren der Hamburger Mannschaft.

(B. Runge/ZPA-Hbg.)

Chase Corporate Challenge in Frankfurt am Main, 1996.

Commerzbank-Team beim Chase-Lauf in Frankfurt am Main, 1997.

50 Firmen. Ab 1996 von der Chase Manhattan Bank gesponsert und in „Chase Corporate Challenge" umbenannt, ist der Lauf heute als „JP Morgan Corporate Challenge" bekannt. 2015 etwa wurde der inzwischen größte Firmenlauf der Welt neben New York und Frankfurt in weiteren Städten wie Chicago, San Francisco, Sydney, Johannesburg, Singapur, Shanghai und London ausgetragen. Weltweit nahmen insgesamt 255.270 Läufer teil. In Frankfurt waren es 70.239 Starter aus 2682 Firmen, darunter mehr als 500 Commerzbank-Angestellte. Generell teilnahmeberechtigt sind bis heute Mitarbeiterinnen und Mitarbeiter von Unternehmen, Behörden und Finanzinstituten. Die Läufer werden in drei Kategorien mit jeweils vier Startern aufgeteilt: in ein Männerteam, ein Frauenteam sowie ein gemischtes Team je Unternehmen. Die Besonderheit ist, dass jeder Teilnehmer seine Zeit selbst notiert und sie nach dem Lauf an seinen Teamführer, dem „Team Captain", weitergibt.[219]

Bereits 1983 nahm ein Commerzbank-Team der Filiale in Chicago am „Manufactures Hanover Corporate Challenge" in den USA teil.[220] Zehn Jahre später fand der Firmenlauf erstmals auch in Frankfurt statt. Neben einem Team aus 17 Commerzbankern starteten noch rund 500 weitere Läuferinnen und Läufer. 1994 erfreute sich die Sportveranstaltung bei den Firmen schon größerer Beliebtheit und die Teilnehmerzahl verdreifachte sich auf 1.500. Zum ersten Mal nahm nun auch eine Gruppe von 21 Dresdner Bankern am Lauf teil, die hauptsächlich aus weiblichen und männlichen Leichtathleten der Sportgemeinschaft Frankfurt bestand. Seit 1998 führte die Strecke von über 5,6 Kilometern mitten durch die Frankfurter City, vorbei an spektakulären Hochhäusern im Bankenviertel und bekannten Bauten wie der Alten Oper. Mit 860 Mitarbeitern konnte die Dresdner Bank nun schon das teilnehmerstärkste Läuferteam stellen, gefolgt von der Lufthansa mit 652 Läufern. Und auch die Commerzbank startete 1998 bereits mit 365 ausdauerstarken Mitarbeitern. Im darauffolgenden Jahr meldeten sich insgesamt schon fast 21.000 aus über 800 Firmen für den „Chase Corporate Challenge". Die Dresdner Bank beteiligte sich erstmals mit über 1.000 Läuferinnen und Läufern. Auch in den nächsten 10 Jahren war die Bank stets als größte Läufergruppe eines Unternehmens mit dabei und bewies Ausdauer und Teamgeist.[221]

Um die jeweilige „Corporate Identity" des Unternehmens zu unterstreichen, starteten die meisten Läuferteams schon bald mit einheitlichen Outfits. 1997 äußerten auch die laufbegeisterten Dresdner Banker den Wunsch, wie die anderen Unternehmen, in gleicher Kleidung am Lauf teilnehmen zu wollen. Daraufhin gestaltete der damalige Chefdesigner der Bank, Wolfang Hardt, das erste Chase-Lauf-Shirt in der Geschichte der Bank. In den Folgejahren ließen die Mitarbeiter der Kommunikationsabteilung ihren kreativen Ideen freien Lauf, um die Betriebssportler möglichst auffallend und mit passender Botschaft auszustaffieren. Im Rahmen von Mitarbeiterwettbewerben wurden witzige Sprüche und Designs für die T-Shirts ausgesucht. So trugen die Teilnehmer des Chase-Laufs beispielsweise Outfits mit der Aufschrift „Ich bin ein Euro, an mir kommt keiner vorbei" oder „Bei uns sind Sie nicht die Nummer (Startnummer), bei uns sind Sie die Nummer eins". Seit 1998 beteiligte sich die Bank finanziell am Lauf und unterstützte das Team mit der Übernahme der Startgebühr und der Kosten für das T-Shirt. Nach dem 5,6-Kilometerlauf traf man sich traditionell zur exklusiven „Runners-Party" im Clubhaus der Dresdner Bank am Schaumainkai. Im Jahr 2004 wurde auf der von der Sportgemeinschaft Frankfurt gesponserten Party wohl so laut und ausgelassen gefeiert, dass um 23 Uhr das Ordnungsamt anrücken musste.[222]

Nachdem zuvor Fusionsgespräche der Dresdner Bank sowohl mit der Deutschen Bank als auch mit der Commerzbank gescheitert waren, gab der deutsche Versicherungskonzern Allianz im Juli 2001 die Übernahme der Dresdner Bank bekannt. Ziel war es, einen integrierten Finanzdienstleister zu schaffen. Mit dem Erwerb von rund 96 Prozent des Aktienkapitals wurde die Dresdner Bank als „Kompetenzzentrum Banking" in die Allianz Group integriert. Die Übernahme und massiven Umstrukturierungsmaßnahmen forderten einen erheblichen Personalabbau bei der Bank.

So war auch der Betriebssport von den strukturellen Veränderungen betroffen. Auf lokaler Ebene wurde beispielsweise am 16. März 2007 die Zusammenführung der Frankfurter Sportgemeinschaften der Allianz und Dresdner Bank beschlossen. Nun fungierten die insgesamt rund 3.000 Betriebssportler offiziell unter dem neuen Namen „Allianz Dresdner Sport FFM".[223] Zusätzlich erhielt diese auch ein neues Logo, das die Farbe Blau der Allianz mit dem traditionellen Grün der Dresdner Bank verband und die Kooperation betonte.[224] Unter den insgesamt 40 angebotenen Sparten der Betriebssportgemeinschaft gab es mittlerweile auch Sportgruppen für Inline-Skating, Klettern, Windsurfen, Motorradfahren, Tauchen, Eishockey, Power-Pilates und Dynamic Yoga.[225] Die bankinterne Eishockey-Mannschaft „Bembeltown Hornets" (zu Deutsch „Hornissen") wurde seit 2004 sogar von einem eigenen Cheerleader-Team unterstützt. Die fleißigen Honigbienen, die „Bembeltown Honeybees",[226] trainierten ihre Choreographie wöchentlich im Neuen Saal des Clubhauses am Schaumainkai ein und lieferten 2005 einen besonders originellen Beitrag zum Sportlerball anlässlich des 75-jährigen Jubiläums des Betriebssports in der Dresdner Bank in Frankfurt.[227]

Obwohl viele Sportler die Auflösung der traditionellen Identität des Betriebssports bei der Dresdner Bank sehr bedauerten und der Zusammenschluss nicht allen leicht fiel, versuchte man optimistisch in die sportliche Zukunft zu blicken. Getreu dem seit 2005 geltenden Motto der Dresdner Bank „Gemeinsam mehr bewegen" boten sich auch neue Vorteile, wie beispielsweise bessere Chancen in allen Mannschaftssportarten, die Teilnahme an den „Allianz Games" sowie eine effizientere Nutzung der Sportanlagen.[228] In Frankfurt hatten die Betriebssportler fortan auch die Möglichkeit, die gemeinsame Sportanlage in Frankfurt-Niederrad zu besuchen. Vor allem die unmittelbare Lage am Stadtwald eröffnete den Läufern eine Vielzahl an unterschiedlichen Strecken. Entweder lief man nach Feierabend oder am Wochenende eine kleine Runde um den Golfplatz oder durch den Wald bis zum Flughafen. Den restlichen Leichtathleten standen auf der Sportanlage darüber hinaus eine 400 Meter-Tennenbahn, eine Weitsprunganlage, ein Kugelstoßring und eine Hochsprunganlage zur Verfügung. Tennisspieler hatten die Auswahl zwischen zwei Kunstrasen- und zwei Sandplätzen. Neben weiteren Sportarten wie Volley-

Bembletown Honeybees

Unsere jüngste Sparte: Cheerleader

„Time to score!" Der Titel ist einem unserer ersten Cheers (Anfeuerungsrufe) entlehnt und bedeutet so viel wie: „Laßt uns ein Tor schießen!".

Am 17. November 2004 beschlossen im Meetpacker's zur Happy Hour zehn junge Sportlerinnen, die Eishockey-Mannschaft der Dresdner Sport Frankfurt/M. - unsere „Bembletown Hornets" - in genau diesem Punkt zu unterstützen.

Die Idee, ein Cheerleaderteam zu gründen, wurde erstmalig anläßlich unserer Jubiläums-Kick-Off-Veranstaltung im Sommer 2004 formuliert. Während dieses Treffens sollten alle Vorschläge, die dem Jubiläum einen würdigen Rahmen geben, gesammelt und abgestimmt werden. Möglichst jede Sparte sollte einen Einfall beisteuern. Stefan Pohl, der Kapitän der Hornets, und ich waren uns schnell einig: Beitrag der Sparte „Body & Mind" sollte – zumindest im Jubiläumsjahr – das Cheerleaderteam sein.

Unsere netten Kolleginnen aus der Sportgeschäftsstelle, ein unkomplizierter Sportwart sowie couragierte Tanz- und Cheerleadertrainerinnen halfen uns in der kurzen Zeit von vier Monaten, unsere erste Choreographie möglichst synchron bühnenreif einzuüben. Zu nennen sind dabei unbedingt Magdalena Dragon, Amy Davis und Waltraut Kruse.

Zur Dresdner Bank Eishockey-WM 2005 am 19. März erkämpften unsere Jungs den 2. Platz. Grund genug für uns, jeden Mittwoch ab 19:45 bis 21:30 Uhr im Neuen Saal des Clubhauses der Sportgemeinschaft fleißig weiter zu trainieren. Immerhin peilen wir unseren Auftritt zur Dresdner Bank Eishockey-WM in Berlin 2006 an.

Gegenwärtig trainiert uns Jana Beran, selbst ehemalige Cheerleaderin und Co-Trainerin in Leipzig. Unter ihrem strengen Auge erhält unser kleines Repertoire den letzten Schliff. Darüber hinaus bringt sie natürlich viel neues aus ihrem großen Erfahrungsschatz ein.

So gelang uns der Auftritt im Jubiläumsjahr trotz „Anfängerstatus" nicht nur zur Eishockey-WM im März, sondern auch beim Chaselauf 2005 im Juni, beim Allianz-Mitarbeitersportfest 2005 in Niederrad und beim „4th DrKW Reverse Kicker Charity-Cup 2005" im September.

Unsere kleine Show zum Sportlerball im Marriott ist ein Dankeschön an alle, die uns unterstützt haben und bildet ebenso den Abschluss unseres Beitrags zum schönen Jubiläumsjahr „75 Jahre Betriebssport in der Dresdner Bank". Es freut uns sehr, dass das Cheerleaderteam so gut angekommen ist. Deshalb wird es fortbestehen –ab 2006 als die „Bembeltown Honeybees" unter den Fittichen der Sparte „Eishockey". ■

33

Cheerleader-Team „Bembeltown Honeybees", Bericht aus der Zeitschrift „Sport im Betrieb", 2008.

ball und Fußball konnten die Betriebssportler auch Boccia spielen. Insbesondere an lauen Sommerabenden und einem Glas Wein in der Hand, ließ sich mit der italienischen Variante des Boule-Spiels der Feierabend besonders gut genießen. Die Sportanlage verfügte zudem auch über eine kleine Sporthalle, in der überwiegend das Tischtennis-Training stattfand. Aber auch Fitnessfreunde und Einzelsportler kamen auf der Sportanlage in Frankfurt-Niederrad voll auf ihre Kosten. Für ein umfangreiches Fitness- und Gesundheitstraining standen diverse Kraft- und Cardiogeräte wie ein Laufband, Crosstrainer und Ergometer zur Verfügung. Für diejenigen, die ein intensives Ausdauertraining für Herz und Kreislauf bevorzugten oder Radsportler waren, die auch im Winter radeln wollten, wurden zudem Spinning-Kurse angeboten. Hier wurde auf Standrädern zu lauter Musik so viel gestrampelt, bis man richtig ins Schwitzen kam.[229]

7

Sport in der „neuen" Commerzbank

Ende August 2008 gaben die Commerzbank und die Allianz den Verkauf der Dresdner Bank an die Commerzbank offiziell bekannt. Der Abschluss der Übernahme erfolgte am 12. Januar 2009 und wurde wenige Monate später, am 11. Mai 2009, in das Handelsregister des Amtsgerichts Frankfurt eingetragen.

Nach der Verschmelzung der Dresdner Bank mit der Commerzbank ließ auch die Zusammenführung der Betriebssportgremien beider Banken nicht lange auf sich warten. Bereits am 11. August 2009 schlossen sich der bisherige „Gesamtsportausschuss der Commerzbank" und die „Vereinigung der Sportgemeinschaften der Dresdner Bank-Gruppe" zum „Sportbeirat" der neuen Commerzbank zusammen. Der neu gegründete Sportbeirat schuf somit schon früh die Voraussetzungen für die zukünftige Zusammenarbeit im Betriebssport. So konnten wichtige Grundlagen, wie die Fortführung verschiedener Veranstaltungen, die Verabschiedung neuer Satzungen und Richtlinien sowie Handlungshilfen für bevorstehende Fusionen örtlicher Betriebssportgemeinschaften, beschlossen werden. Das neue Gremium besaß insgesamt zwölf Mitglieder, darunter jeweils zwei Vertreter für die Bereiche Nord, Mitte, Süd und die Zentrale in Frankfurt.[230]

Organisatorisch wurde der Betriebssport dem Gesundheitsmanagement der Bank angegliedert. Neben dem Thema Bewegung liegt der Fokus bis heute auch auf Stressmanagement, Suchtprävention und Ernährung. 2009 erhielt die Bank für ihr vorbildliches Gesundheitsmanagement den „Corporate Health Award". Als erstes Unternehmen in Deutschland wurde das Gesundheitsmanagement der Commerzbank 2013 auch nach dem „Corporate Health Standard" des TÜV Süd zertifiziert.[231]

Auf lokaler Ebene wurde in Frankfurt der Zusammenschluss der bisher größten Sportgemeinschaften der Dresdner Bank und Commerzbank in einer außerordentlichen Hauptversammlung am 29. September 2010 im Clubhaus am Schaumainkai vollzogen. Die Allianz Dresdner Sport FFM wurde aufgelöst und im Anschluss daran folgte die Neugründung der „BSG Commerzbank Frankfurt/Main", die nun beide Sportgemeinschaften miteinander vereinte.[232] Darüber hinaus erhielt die Frankfurter Betriebssportgesellschaft auch ein neues, gemeinsames Logo – den „gelben Frankie". 2007 zunächst als Maskottchen für die Meisterschaften der Dresdner Bank ins Leben gerufen, wurde er mit seinem damals noch grünen Outfit schnell zur Kultfigur der Sportgemeinschaft der Dresdner Bank. Insbesondere die

Das neue Logo der „BSG Commerzbank Frankfurt/Main".

Das Logo der Frankfurter Betriebssportgemeinschaft der
Dresdner Bank „Frankie in Grün" (oben) und
das neue Logo nach 2009 in gelb.

Tatsache, dass der „grüne Frankie" keinen Mund besaß, führte zu viel Diskussionsbedarf. In Anlehnung an das Corporate Design und die Farben der Commerzbank trägt Frankie seit der Fusion nun ein neues Sportoutfit aus gelbem Trainingsshirt und gelber Kappe, springt Seil und hat jetzt auch endlich einen Mund.[233] Bis heute stellt die BSG Frankfurt ihr Maskottchen Frankie auch anderen Betriebssportgesellschaften zur Nutzung zur Verfügung, beispielsweise für interne Werbezwecke oder für Ausschreibungen von Turnieren und Veranstaltungen. So ist Frankie als digitales Sport-Logo mittlerweile für rund 35 unterschiedliche Sportarten erhältlich.[234]

Es sollte eine große Herausforderung werden, die „grünen" und „gelben" Sportgemeinschaften mit langer Erfahrung und unterschiedlicher Organisation zusammenzulegen und insgesamt rund 17.000 Menschen, die in der Dresdner Bank sportlich aktiv gewesen waren, zu integrieren. Immerhin galt der Betriebssport hier als größtes Netzwerk der Bank und genoss über viele Jahre einen sehr hohen Stellenwert. Die Sportler befürchteten zudem, dass die lange Tradition der Dresdner Bank-Meisterschaften nun ein Ende finden könnte. Dementsprechend waren die letzten Dresdner Bank-Meisterschaften, die im September 2009 in Frankfurt stattfanden, von großen Emotionen geprägt. Doch während der „Nacht der Sieger", dem Gala-Abend der Sportmeisterschaften, gab es von höchster Vorstandsebene eine große Überraschung, die ein wichtiges Signal sendete: So sagte Martin Blessing, seit Mai 2009 Vorstandsvorsitzender der Commerzbank[235], spontan zu, die Meisterschaften in der Commerzbank weiterzuführen. Daraufhin erhielt er von den 1.000 anwesenden Sportlern der Dresdner Bank, die ihre Freudentränen nicht mehr zurückhalten konnten, Standing Ovations – das Eis war gebrochen.

Rückblickend machte Blessing deutlich, dass er von der Integrationskraft des Betriebssports in der Bank überzeugt war. Im Rahmen der Integration zählten für ihn die gleichen Werte wie im Betriebssport, nämlich Respekt, Partnerschaftlichkeit, Leistung und Teamgeist: „Ich fand es toll, was da passiert. Wenn Sie gesehen haben, mit wie viel Spaß die Kolleginnen und Kollegen teilgenommen haben, ist das großartig. Ich verbinde gerne etwas Nützliches mit dem Guten. Und deshalb werden wir die Sportmeisterschaften weiterführen, dann unter dem Namen ,ComGames'."[236]

Die ComGames sollten in der Tradition der Meisterschaften alle zwei Jahre ausgetragen werden und fanden erstmals vom 9. bis

Bei den letzten Dresdner
Bank-Meisterschaften im
September 2009 übergab
Dr. Wolfgang Röller
symbolisch den Staffelstab
an Martin Blessing.

11. September 2011 in Berlin in den Sportarten Fußball, Golf, Leicht-athletik, Rudern, Tennis, Tischtennis und Volleyball statt. Zwei Jahre später kamen rund 1.000 sportbegeisterte Commerzbanker ins Ruhr-gebiet nach Duisburg. Hier kämpften sie in acht Sportarten – Fußball, Golf, Tischtennis, Schwimmen, Rudern, Bowling, Triathlon und Bad-minton – jeweils um einen Pokal. Die Sportwettbewerbe wurden überwiegend im und rund um den Sportpark Duisburg veranstaltet. Den Abschluss der ComGames 2013 und ihre Erfolge feierten die Sportler in der imposanten Kraftzentrale des Landschaftsparks Duis-burg-Nord. Während der Galaveranstaltung „Nacht der Sieger" wurde schließlich der gelbe Staffelstab an die BSG Mannheim weiter-gegeben. In Erinnerung sollte vor allem auch die sportliche Geste des Badminton-Mixed-Teams aus der BSG Ruhrgebiet bleiben: Im Finale des Badmintonturniers waren sie dem Team aus der BSG Frankfurt spielerisch unterlegen. Doch einer ihrer Gegenspieler verletzte sich während des Spiels so schwer, dass es abgebrochen werden musste. Doch anstatt den Sieg wegen Spielaufgabe entgegenzunehmen, gaben die beiden Betriebssportler aus dem Ruhrgebiet ihren Sieg an das ver-letzte Frankfurter Team weiter. Daraufhin entschied Albert Reicherzer, Bereichsvorstand Personal, dass ihnen für diese Geste ein „Com Games-Fairness-Pokal" verliehen werden sollte. Einige Wochen da-nach überreichte der Organisationsverantwortliche der ComGames, Hans-Jürgen Bochmann, erstmals den drei Kilo schweren Pokal an die „Badminton-Sieger der Herzen".[237]

Auch die im September 2015 in Mannheim ausgetragenen ComGames standen ganz im Zeichen der Fairness.[238] Bereits bei der Eröffnungsveranstaltung brach sich die Torhüterin des Essener Damen-Fußballteams unglücklicherweise den Fuß, sodass sie nicht mehr an den Wettkämpfen teilnehmen konnte und ins Krankenhaus gebracht werden musste. Doch die Torhüterin der benachbarten Düsseldorfer Mannschaft bot sich an, nicht nur im Tor ihrer eigenen Fußballmannschaft, sondern auch in dem der Essener zu stehen. Dafür wurde auch ihr spontan der Fairnesspreis von den Organisato-ren übergeben. Neben Fußball standen bei den ComGames in Mann-heim diesmal noch fünf weitere Sportarten wie Golf, Leichtathletik, Tennis, Volleyball und Drachenboot auf dem Programm, an dem sich rund 700 Sportler beteiligten.[239] Bei der Siegerehrung während der „Nacht der Sieger" betonte Martin Blessing nochmals den hohen Stellenwert des Betriebssports in der Bank:

„Im Sport wie auch bei der täglichen Arbeit ist Teamgeist aus meiner Sicht unverzichtbar. Es macht mich stolz, dass wir das bei der Commerzbank immer groß schreiben.“[240]

Im Juni 2017 waren die Betriebssportler anlässlich der 4. ComGames zu Gast in Hamburg. Rund 700 Commerzbanker aus ganz Deutschland lieferten sich spannende Wettbewerbe in den Disziplinen Beach-Volleyball, Bowling, Crosslauf, Fußball, Rudern und Stand-Up-Paddling. Die Ehrung der Siegermannschaften mit Medaillen und Pokalen übernahm Risikovorstand Marcus Chromik, der selbst am Crosslauf teilgenommen hatte.[241]

Heute verfügt die Commerzbank über mehr als 16.000 Betriebssportler in bundesweit 160 Sportgemeinschaften.[242] Auch international sind die Commerzbanker überaus erfolgreich. Bei den Europäischen Betriebssportmeisterschaften 2017 im belgischen Gent wurde das Team der Commerzbank Vize-Europameister im Betriebssport. Die Commerzbanker holten 34 Gold-, zwölf Silber- und zwölf Bronzemedaillen. Den Großteil steuerten die Schwimmer dazu bei, aber auch Leichtathleten und Golfer waren auf den ersten Rängen vertreten.[243]

Insgesamt engagieren sich bundesweit rund 1.000 Mitarbeiterinnen und Mitarbeiter ehrenamtlich für den Betriebssport. So können die sportbegeisterten Angestellten der Bank aus insgesamt über 50 verschiedenen Sportarten wählen, je nach Angebot der jeweiligen Betriebssportgesellschaft. Allein die BSG Frankfurt bietet knapp 40 verschiedene Sportarten an. Insbesondere Fitness- und Yogakurse sowie Klettern erfreuen sich in vielen BSG derzeit großer Beliebtheit, aber auch Fußball gehört immer noch zu den populärsten Sportarten innerhalb der Commerzbank.[244]

Auch im Rahmen des gesellschaftlichen Engagements spielt Fußball weiterhin eine große Rolle. Bereits seit der Saison 2002/2003 fördert die Commerzbank den Fußballverein Eintracht Frankfurt und ist seit über zehn Jahren Sponsor des mehrfachen deutschen Frauen-Fußballmeisters 1. FFC Frankfurt.[245] Seit dem Umbau des ehemaligen Waldstadions im Jahr 2005 ist das Finanzinstitut auch offizieller Namensgeber des Frankfurter Fußballstadions „Commerzbank-Arena“. Das 1925 erbaute Waldstadion wurde in den 1930er Jahren sogar kurzfristig auch von der Frankfurter Sportvereinigung der damaligen Commerz- und Privat-Bank genutzt. 2006 war die neue Fußballarena

Sportolympiade 2015

Drachenboot, Fußball, Golf, Leichtathletik, Tennis, Volleyball: Rund 700 sportbegeisterte Commerzbanker zeigten, was in ihnen steckt, und kämpften bei den Comgames im September in Mannheim um den Pokal. Auch dieses Mal standen die ehrgeizigen Wettkämpfe wieder im Zeichen von Fairness und Teamgeist.

Fotos: **COMMERZBANK**

Im „Nostalgie-Bus 1954" fuhren die „VIPs" wie Bereichsvorstand Martin Fischedick die einzelnen Sportstätten an.

Hingucker auf dem Wasser: die „Comdragons" (Drachenboot-Team Mannheim)

Handschlag nach dem Tennismatch: Bertram Mahler (Nürnberg, l.) und Torsten Langhans (Frankfurt)

Sieger bei den Herren im Golf wurde Gerhard Jung (Frankfurt).

Berichterstattung im „Commerzbanker" über die ComGames 2015 in Mannheim.

einer der Austragungsorte der Fußball-Weltmeisterschaft in Deutschland und ist bis heute Heimat der Frankfurter Eintracht.[246]

Zudem ist die Commerzbank seit 2008 offizieller Premium-Partner des Deutschen Fußball-Bundes (DFB) und unterstützt als einer der Hauptsponsoren die Nationalmannschaften der Frauen und Männer. In Ergänzung zum Sponsoring der sportlichen Großereignisse ergeben sich darüber hinaus viele Förderungsmöglichkeiten auf unterschiedlichen Ebenen innerhalb des Verbands. So betreut die Bank Straßen- und Schulturniere und die Arbeit von Vereinen vor Ort. Einen besonderen Fokus legt die Commerzbank hier auf die Nachwuchsförderung. Sie engagiert sich mit der DFB-Qualifizierungsoffensive für die Vereinsarbeit in Deutschland, indem sie Schulungen, Lehrgänge zu Finanzthemen und Schulaktionen durchführt. Außerdem fördert sie die Initiative „DFB-Junior-Coach", die bereits Schülern eine Ausbildung zum lizensierten Trainer ermöglicht. So erhalten diese an ihren Schulen eine 40-stündige Einführung in die Trainertätigkeit, damit sie anderen Kindern und Jugendlichen die

Eingang zur „Germania" am Schaumainkai in Frankfurt am Main, 2016.

Freude am Fußballspiel vermitteln und frühzeitig genügend Erfahrung sammeln. Mit diesem Projekt möchte die Bank nicht nur den Trainernachwuchs in Deutschland, sondern auch das Ehrenamt stärken.[247] Im Rahmen der Nachwuchs- und Vereinsförderung führt die Commerzbank zudem auch das traditionsreiche Engagement der Dresdner Bank weiter, indem sie seit der Fusion weiterhin den bundesweiten Wettbewerb „Das Grüne Band für vorbildliche Talentförderung im Verein" sowie den „Drumbo-Cup" in Berlin unterstützt. Im Gegensatz zum „Grünen Band" ist „Drumbo" allerdings heute gelb.[248] Als ein weiteres Erbe aus der Zeit der Dresdner Bank unterhält die Commerzbank auch weiterhin das Clubhaus am Schaumainkai in Frankfurt.

Die Commerzbank blickt auf über 90 Jahre erfolgreiche Betriebssportgeschichte zurück. Sport ist bis heute ein wesentlicher Bestandteil der Unternehmenskultur. Sportliche Werte wie Leistung, vor allem aber Respekt, Partnerschaftlichkeit und Teamgeist sollen auch auf das berufliche Miteinander abfärben – so die Hoffnung und Motivation derjenigen, die den Betriebssport unterstützen und gestalten.

Die Betriebssportgemeinschaften sind bis heute das größte Netzwerk innerhalb der Bank. Gemeinsame sportliche Aktivitäten fördern ein kollegiales Zusammengehörigkeitsgefühl und damit auch die Gesundheit und das Wohlbefinden der Mitarbeiter, die dadurch auf neue Anforderungen im Berufsalltag gut vorbereitet sein sollten – um täglich „Fit for Finance" zu sein.

Strahlende Siegerinnen bei den ComGames 2017, links im Bild:
Commerzbank-Vorstand Dr. Marcus Chromik.

Dr. Marcus Chromik, 2.v.l. bei der Siegerehrung.

Anmerkungen

1 Siehe Rheinheimer, Vivian J., Behaltet mich in guter Erinnerung. Herbert M. Gutmann – eine Lebensbeschreibung, in: Dies. (Hrsg.), Herbert M. Gutmann. Bankier
  in Berlin. Bauherr in Potsdam. Kunstsammler, Leipzig 2007, S. 9ff.
2 Siehe ebd., S. 12f.
3 Siehe ebd., S. 17.
4 Quanz, Dietrich R., Große weite Welt in Wannsee. Modernisierung des deutschen
  Golfsports, in: Vivian J. Rheinheimer (Hrsg.), Herbert M. Gutmann. Bankier in
  Berlin. Bauherr in Potsdam. Kunstsammler, Leipzig 2007, S. 159ff.
5 Gutmann, Herbert M., Golf, in: Querschnitt 7 (1927), Nr. 5, S. 373.
6 Siehe Quanz, Modernisierung des deutschen Golfsports, S. 164.
7 Gutmann, Golf, S. 374.
8 Ebd.
9 Siehe Pfister, Gertrud, „Stählung der Arbeitnehmerschaft ist Stärkung der Wirtschaft"? Zur Organisation und Ideologie des Betriebssports in Berlin (1880 bis
  1933), in: Dies. (Hrsg.), Zwischen Arbeitnehmerinteressen und Unternehmenspolitik. Zur Geschichte des Betriebssports in Deutschland, Sankt Augustin 1999,
  S. 21; siehe auch Winkel, Harald, Auf Rekordjagd. Betriebssport in der Weimarer
  Republik, Norderstedt 2008, S. 1ff.
10 Winkel definiert Betriebssport als „Schaffung von Sportangeboten innerhalb der
  Betriebsstrukturen, die es auf freiwilliger Basis den Arbeitnehmern ohne Unterschied ihres Alters, der betrieblichen Position oder des Geschlechts ermöglichen,
  sportlichen Aktivitäten nachzugehen" (Winkel, Betriebssport in der Weimarer
  Republik, S. 1).
11 Die 1872 in Dresden gegründete Dresdner Bank hatte von 1884 bis 1945 ihren
  Hauptsitz in Berlin (siehe Dresdner Bank AG (Hrsg.), 120 Jahre Dresdner Bank.
  Unternehmens-Chronik 1872 bis 1992, Frankfurt a. M. 1992, S. 32). Die Hauptverwaltung der Commerzbank, die 1870 als „Commerz- und Disconto-Bank" in Hamburg gegründet wurde, befand sich nach der Übernahme der Berliner Bank von
  1905 bis 1945 ebenfalls in Berlin. Die Commerz- und Disconto-Bank hieß seit 1920
  „Commerz- und Privat-Bank". Erst Anfang 1940 wurde der Name „Commerzbank
  Aktiengesellschaft" angenommen (siehe Krause, Detlef, Commerzbank 1870–2010.
  Eine Zeitreise (Publikationen der Eugen-Gutmann-Gesellschaft, Band 5) Dresden
  2010, S. 9ff. u. 39ff.).
12 Siehe Pfister, Betriebssport in Berlin, S. 21.
13 Siehe Historisches Archiv der Commerzbank (HAC), HAC-500/120077, Sport bei
  der Dresdner Bank.
14 Pfister, Betriebssport in Berlin, S. 28.
15 Siehe ebd., S. 28f.
16 Siehe HAC-500/120077, Sport bei der Dresdner Bank; siehe auch Pfister, Betriebssport in Berlin, S. 21.
17 HAC-500/120077, Sport bei der Dresdner Bank.
18 Ebd.
19 Jiu-Jitsu ist ein aus Japan stammender Kampfkunstsport zur Selbstverteidigung.
20 Siehe Bank für Handel und Industrie AG, Festschrift „50 Jahre Sport-Vereinigung
  Dresdenia Berlin e.V.", Berlin 1974, S. 7.
21 Siehe Pfister, Betriebssport in Berlin, S. 27. Vor dem Ersten Weltkrieg hatten sich
  in Berlin erste Sportgruppen in unterschiedlichen Branchen gebildet, so etwa 1913
  beim Ullstein-Verlag und beim Elektroindustriekonzern Siemens. Bereits 1899
  gründeten Angestellte des Kaufhauses Nathan Israel den Ruderverein Hansa. 1909

riefen Mitarbeiter der Glühlampenfabrik Auer-Gesellschaft einen Sportverein ins Leben. Nach dem Zusammenschluss der Auer-Gesellschaft mit Siemens und der Allgemeinen Elektricitäts-Gesellschaft (AEG) zu Osram gründete sich Anfang der 1920er Jahre die Sportliche Vereinigung Osram (siehe ebd. S. 20f).

22 Siehe ebd., S. 20.

23 Siehe Dresdner Bank AG, Festschrift „10 Jahre Ruder-Club Dresdner Bank e.V. Berlin", Berlin 1934, S. 2f.

24 Siehe ebd., S. 4f.

25 Pfister, Betriebssport in Berlin, S. 26.

26 Siehe Brogatzky, Christine, Sportplatz Sadowa der Dresdner Bank in der Wuhlheide, Berlin 2012, S. 1 u. 9f.

27 Siehe Peyton, Christine, Sportstadt Berlin, in: Gertrud Pfister/Gerd Steins (Hrsg.), Sport in Berlin. Vom Ritterturnier zum Stadtmarathon, Berlin 1987, S. 118.

28 Siehe Brogatzky, Sportplatz Sadowa, S. 10ff.

29 Siehe Peyton, Sportstadt Berlin, S. 118f.

30 Siehe Winkel, Betriebssport in der Weimarer Republik, S. 7.

31 Siehe Sport im Betrieb (2005), Nr. 1, S. 16.

32 Siehe § 1 der Satzungen und Geschäftsordnung des Dresdner Bank Sportvereins (D.B.S.) in Frankfurt a.M. (1930); siehe auch D.B.S. Nachrichtenblatt, in: Monatliche Mitteilungen des Dresdner Bank Sportvereins in Frankfurt a. M. (1931), Nr. 2.

33 Sport im Betrieb (2005), Nr. 1, S. 16.

34 Siehe § 11 der Satzungen und Geschäftsordnung des Dresdner Bank Sportvereins (D.B.S.) in Frankfurt a. M. (1930).

35 § 2 der Satzungen und Geschäftsordnung des Dresdner Bank Sportvereins (D.B.S.) in Frankfurt a. M. (1930).

36 Siehe § 10 der Satzungen und Geschäftsordnung des Dresdner Bank Sportvereins (D.B.S.) in Frankfurt a. M. (1930).

37 Siehe Sport im Betrieb (1980), Festschrift zum 50-jährigen Jubiläum der Sportgemeinschaft Frankfurt, Dresdner Bank, S. 5ff.

38 Siehe HAC-S3/A102/3, Der Arbeitskamerad (1937), Nr. 1, S. 18.

39 Siehe HAC-S3/A102/3, Der Arbeitskamerad (1937), Nr. 1, S. 17; siehe auch HAC-N6/1, Bericht über Entstehung und Entwicklung des Sport- und Erholungsheims der Commerz- und Privat-Bank AG in Berlin-Friedrichshagen am Müggelsee von Walter Sellnow (12.8.1987).

40 Siehe Mitarbeiter-Information der Commerzbank AG (1979), Nr. 4, S. 13.

41 Siehe HAC-S3/A102/3, Der Arbeitskamerad (1937) Nr. 1, S. 19.

42 Ausführlich zur Bankenkrise von 1931 und Fusion mit dem Barmer Bank-Verein siehe Krause, Commerzbank, S. 54ff. Siehe auch Bähr, Johannes/Rudolph, Bernd, Finanzkrisen 1931 und 2008, München 2011, S. 15–142.

43 Siehe Krause, Commerzbank, S. 207; siehe auch Schlütz, Frauke, „Ein gediegener & solider Mann". Die Vorstandssprecher der Commerzbank von 1870 bis 2008 (Publikationen der Eugen-Gutmann-Gesellschaft, Band 9), Dresden 2016, S. 416. Fritz Höfermann war seit 1925 im Barmer Bank-Verein tätig. Nach der Fusion des Barmer Bank-Vereins mit der Commerz- und Privat-Bank wurde er 1932 stellvertretender Direktor der Niederlassung in Düsseldorf, 1939 erster Direktor. 1943 trat er in den Vorstand der Commerz- und Privat-Bank ein. Nach dem Zweiten Weltkrieg und seiner Entnazifizierung wurde er 1949 wieder in den Vorstand berufen und übernahm von 1952 bis 1958 das Amt des Vorstandssprechers des Bankvereins Westdeutschland (ab 1956 Commerzbank-Bankverein AG) in Düsseldorf (siehe Schlütz, Vorstandssprecher, S. 207ff.).

44 Siehe HAC-S3/A102/3, Der Arbeitskamerad (1937), Nr. 1, S. 18.

45 Ausführlich zur Fusion von Dresdner Bank und Danat-Bank im Zuge der Bankenkrise siehe Dresdner Bank AG, 120 Jahre Dresdner Bank, S. 77ff.

46 Siehe HAC-500/120077, Sport bei der Dresdner Bank.

47 Siehe Pfister, Betriebssport in Berlin, S. 22 ff.

48 Siehe HAC-500/120077, Sport bei der Dresdner Bank.

49 Siehe Pfister, Gertrud/Mosberger, Elke, Sport auf dem grünen Rasen. Fußball und Leichtathletik, in: Gertrud Pfister/Gerd Steins (Hrsg.), Sport in Berlin. Vom Ritterturnier zum Stadtmarathon, Berlin 1987, S. 84 u. 92; siehe auch Pfister, Betriebssport in Berlin, S. 30.

50 Siehe Dresdner Bank AG (1974), Festschrift „50 Jahre S.V. Dresdenia", S. 20.

51 Siehe Niewerth, Toni, Von der Lustyacht zum Faltboot. Wassersport in Berlin, in: Gertrud Pfister/Gerd Steins (Hrsg.), Sport in Berlin. Vom Ritterturnier zum Stadtmarathon, Berlin 1987, S. 46 ff.

52 Siehe Dresdner Bank (1934), Festschrift „10 Jahre Ruder-Club Dresdner Bank e.V.", S. 6.

53 Siehe Deutsche Bauzeitung (28. Juni 1930), Nr. 52, S. 401 ff.; siehe auch Betriebs-Echo (1935), Nr. 2, S. 25.

54 Siehe HAC-N6/1, Bericht über Entstehung und Entwicklung des Sport- und Erholungsheims der Commerz- und Privat-Bank AG in Berlin-Friedrichshagen am Müggelsee von Walter Sellnow (12.8.1987); siehe auch HAC-S3/A102/2, Der Arbeitskamerad (1934), Nr. 2, S. 12 f.

55 Bernett, Hajo, Nationalistischer Volkssport bei „Kraft durch Freude", in: Gertrud Pfister (Hrsg.), Zwischen Arbeitnehmerinteressen und Unternehmenspolitik. Zur Geschichte des Betriebssports in Deutschland, Sankt Augustin 1999, S. 72.

56 Siehe ebd., S. 72 f.; siehe auch Frese, Matthias, Nationalsozialistische Vertrauensräte. Zur Betriebspolitik im „Dritten Reich", in: Gewerkschaftliche Monatshefte 43 (1992), Nr. 4/5, S. 281.

57 Siehe HAC-N6/1, Bericht über Entstehung und Entwicklung des Sport- und Erholungsheims der Commerz- und Privat-Bank AG in Berlin-Friedrichshagen am Müggelsee von Walter Sellnow (12.8.1987); siehe auch HAC-S3/A102/2, Der Arbeitskamerad (1934), Nr. 2, S. 12 f.

58 Siehe HAC-S3/A102/3, Der Arbeitskamerad (1936), Nr. 10; siehe auch Krause, Commerzbank, S. 62 ff. u. 204 ff. sowie Schlütz, Vorstandssprecher, S. 128. Friedrich Reinhart war von 1931 bis 1934 Vorstandssprecher der Commerz- und Privat-Bank; von 1934 bis 1943 Vorsitzender des Aufsichtsrats. In der NS-Zeit war Reinhart zudem in zahlreichen öffentlichen Ämtern tätig. 1933 wurde ihm unter anderem der Ehrentitel eines Preußischen Staatsrats verliehen. Ausführlich hierzu Krause, Commerzbank, S. 66 u. 204 ff. sowie Schlütz, Vorstandssprecher, S. 116-141.

59 Siehe HAC-N6/1, Bericht über Entstehung und Entwicklung des Sport- und Erholungsheims der Commerz- und Privat-Bank AG in Berlin-Friedrichshagen am Müggelsee von Walter Sellnow (12.8.1987); siehe auch Krause, Commerzbank, S. 77 u. 207. Dr. Paul Marx war von 1934 bis 1943 zusammen mit Eugen Bandel Vorstandssprecher der Commerz- und Privat-Bank. Beide waren nach der Fusion vom Barmer Bank-Verein in den Vorstand der Commerz- und Privat-Bank gewechselt. Nach dem Tod Friedrich Reinharts im Jahre 1943 übernahm Marx das Amt des Aufsichtsratsvorsitzenden, Bandel blieb bis 1945 Vorstandssprecher (siehe Krause, Commerzbank, S. 58, 77 u. 207 sowie Schlütz, Vorstandssprecher, S. 156-203).

60 Siehe HAC-S3/A102/2, Der Arbeitskamerad (1934), Nr. 2, S. 12 f.

61 HAC-N6/1, Bericht über Entstehung und Entwicklung des Sport- und Erholungsheims der Commerz- und Privat-Bank AG in Berlin-Friedrichshagen am Müggelsee von Walter Sellnow (12.8.1987).

62 Siehe HAC-S3/A102/3, Der Arbeitskamerad (1936), Nr. 7, S. 111.

63 Siehe HAC-N6/1, Bericht über Entstehung und Entwicklung des Sport- und Erholungsheims der Commerz- und Privat-Bank AG in Berlin-Friedrichshagen am Müggelsee von Walter Sellnow (12.8.1987). Siehe auch HAC-S3/A241, Prospekt des Sport- und Erholungsheims in Friedrichshagen bei Berlin.

64 Siehe Krause, Commerzbank, S. 64.
65 HAC-S3/A102/2, Der Arbeitskamerad (1934), Nr. 2, S. 12.
66 Ebd.
67 Siehe HAC-N6/1, Bericht über Entstehung und Entwicklung des Sport- und Er-
    holungsheims der Commerz- und Privat-Bank AG in Berlin-Friedrichshagen am
    Müggelsee von Walter Sellnow (12.8.1987).
68 Siehe HAC-S3/A102/2, Der Arbeitskamerad (1934), Nr. 1, S. 7.
69 Siehe HAC-S3/A102/3, Der Arbeitskamerad (1937), Nr. 1, S. 17.
70 HAC-S3/A102/3, Der Arbeitskamerad (1937), Nr. 1, S. 17.
71 Siehe HAC-S3/A102/2, Der Arbeitskamerad (1934), Nr. 3, S. 23.
72 Zur Zusammensetzung der Belegschaft der Dresdner Bank siehe Bähr, Johannes,
    Die Dresdner Bank in der Wirtschaft des Dritten Reichs, München 2006, S. 240.
73 Siehe HAC-S3/A102/3, Der Arbeitskamerad (1937), Nr. 4, S. 66f.; Nr. 8, S. 134;
    HAC-S3/A102/4, Der Arbeitskamerad (1938), Nr. 2, S. 31; Nr. 6, S. 97.
74 HAC-S3/A102/3, Der Arbeitskamerad (1937), Nr. 1, S. 18.
75 Siehe Dresdner Bank AG, 120 Jahre Dresdner Bank, S. 126.
76 Siehe Betriebs-Echo (1938), Nr. 2, S. 29f.; siehe auch Betriebs-Echo (1938), Nr. 4,
    S. 78; (1938), Nr. 12, S. 46f.; siehe außerdem dresdner banker. Das Mitarbeiter-
    magazin der Dresdner Bank-Gruppe (2009), Nr. 276, S. 70.
77 Siehe Betriebs-Echo (1935), Nr. 6, S. 109.
78 Siehe Betriebs-Echo (1935), Nr. 4, S. 57.
79 Ausführlich zu den Olympischen Spielen in Berlin siehe Rürup, Reinhard, 1936.
    Die Olympischen Spiele und der Nationalsozialismus. The Olympic Games and
    National Socialism, Berlin 1997.
80 Siehe Betriebs-Echo (1936), Nr. 7, S. 123f.
81 Siehe Betriebs-Echo (1936), Nr. 9, S. 152.
82 Siehe Betriebs-Echo (1936), Nr. 8, S. 134.
83 Siehe Betriebs-Echo (1937), Nr. 4, S. 74.
84 Siehe Joch, Winfried, Sport und Leibeserziehung im Dritten Reich, in: Horst
    Ueberhorst (Hrsg.), Geschichte der Leibesübungen Bd. 3/2: Leibesübungen und
    Sport in Deutschland vom Ersten Weltkrieg bis zur Gegenwart, Berlin 1982,
    S. 721f. Der DRL wurde 1938 in Nationalsozialistischer Reichsbund für Leibes-
    übungen (NSRL) umbenannt.
85 Siehe HAC-500/120077, Sport bei der Dresdner Bank; siehe auch Dresdner Bank
    AG, Jubiläumsreport 1928–2003. 75 Jahre Sportgemeinschaft Dresdner Bank in
    Düsseldorf, S. 14.
86 Siehe Luh, Andreas, Betriebssport in Deutschland. Entwicklung und Struktur vom
    Kaiserreich bis zur Gegenwart, in: Gertrud Pfister (Hrsg.), Zwischen Arbeitneh-
    merinteressen und Unternehmenspolitik. Zur Geschichte des Betriebssports in
    Deutschland, Berlin 1987, S. 10f.; siehe auch Bernett, Volkssport, S. 73ff.
87 Siehe HAC-S3/A102/3, Der Arbeitskamerad (1937), Nr. 1, S. 17.
88 Betriebs-Echo (1936), Nr. 1, S. 16.
89 Siehe Betriebs-Echo (1939), Nr. 12, S. 291; siehe auch Bank für Handel und Indus-
    trie AG, Festschrift „40 Jahre Sport-Vereinigung Dresdenia Berlin e.V.", Berlin
    1964, S. 13.
90 Siehe § 2 der Satzung der Sportvereinigung Dresdner Bank e.V. (1935).
91 HAC-S3/A102/3, Der Arbeitskamerad (1937), Nr. 1, S. 16.
92 Siehe HAC-S3/A102/3, Der Arbeitskamerad (1935), Nr. 10, S. 120; Betriebs-Echo
    (1935), Nr. 9, S. 156. Siehe auch Weihe, Thomas, Die Personalpolitik der Filial-
    großbanken 1919–1945. Interventionen, Anpassung, Ausweichbewegungen, Stutt-
    gart 2005, S. 164–168.

93 Siehe HAC-S3/A102/3, Der Arbeitskamerad (1936), Nr. 5, S. 74; Betriebs-Echo (1937), Nr. 1, S. 17.

94 Siehe Luh, Andreas, Chemie und Sport am Rhein. Sport als Bestandteil betrieblicher Sozialpolitik und unternehmerischer Marketingstrategie bei Bayer 1900–1985 (= Bochumer Beiträge zur Sportwissenschaft Bd. 2), Bochum 1992, S. 48; siehe auch ders., Betriebssport in Deutschland, S. 11.

95 Siehe HAC-500/120077, Sport bei der Dresdner Bank.

96 HAC-S3/A102/4, Der Arbeitskamerad (1939), Nr. 2, S. 28.

97 Ebd.

98 Siehe ebd. Siehe auch HAC-S3/E9, Aus Freizeit und Sport der Betriebsgemeinschaft der Commerzbank in Düsseldorf um 1941 (Fotoalbum); HAC-S3/E31, Zum 15. August 1939. Die Betriebsgemeinschaft der Commerz- und Privat-Bank AG, Filiale Düsseldorf (Fotoalbum).

99 Siehe Weihe, Personalpolitik, S. 164–170.

100 Siehe Luh, Betriebssport in Deutschland, S. 11.

101 Siehe HAC-S3/A102/4, Der Arbeitskamerad (1938), Nr. 9, S. 137ff.; Der Arbeitskamerad (1939), Nr. 8, S. 133

102 Siehe HAC-S3/A102/4, Der Arbeitskamerad (1938), Nr. 9, S. 137ff.

103 Siehe Luh, Chemie und Sport, S. 51.

104 Siehe Betriebs-Echo (1938), Nr. 10, S. 206ff.

105 Siehe Betriebs-Echo (1938), Nr. 8, S. 145ff.; ausführlich zur politischen Bedeutung des „Deutschen Turn- und Sportfests in Breslau" siehe Rossol, Nadine, Politische Symbolik bei Massenveranstaltungen des deutschen Sports zwischen den Weltkriegen, in: Frank Becker/Ralf Schäfer (Hrsg.), Die Spiele gehen weiter. Profile und Perspektiven der Sportgeschichte, Frankfurt 2014, S. 45f. Zur Rolle, die die Betriebszeitschriften für die NS-Propaganda spielten, siehe Weihe, Personalpolitik, S. 168–170.

106 Siehe dresdner banker. Das Mitarbeitermagazin der Dresdner Bank-Gruppe (2009), Nr. 276, S. 62f. Ausführlich hierzu siehe Ziegler, Dieter, Die Dresdner Bank und die deutschen Juden, München 2006.

107 Siehe Krause, Commerzbank, S. 66f.; Weihe, Personalpolitik, S. 125; Ralf Ahrens, Hundert Jahre im Westen. Commerzbank und Dresdner Bank im Ruhrgebiet und in Düsseldorf 1917–2017 (Publikationen der Eugen-Gutmann-Gesellschaft, Bd. 11), Dresden 2017, S. 43f.

108 Ausführlich zur Rolle der Dresdner Bank im Dritten Reich siehe Henke, Klaus Dietmar (Hrsg.), Die Dresdner Bank im Dritten Reich (vier Bände), München 2006.

109 HAC-S3/A102/5, Der Arbeitskamerad (1941), Nr. 3, S. 26.

110 Siehe HAC-S3/A102/5, Der Arbeitskamerad (1941), Nr. 12, S. 102.

111 Siehe HAC-500/50317-2001, Schreiben des Betriebssportwarts an die Direktion der Dresdner Bank (28.1.1943 und 15.3.1944). Den höchsten Posten der Gesamtausgaben im Jahre 1942 machten die Sportveranstaltungen mit etwa 10.000 RM aus, gefolgt von den Ausgaben für Mieten, Gehälter der Sportlehrer und Übungsleiter sowie die Instandhaltung der Übungsstätten und Sportgeräte (siehe HAC-500/50317-2001, Voranschlag für den Sportbetrieb in der Dresdner Bank für das Jahr 1942).

112 HAC-500/120077, Sport bei der Dresdner Bank.

113 Siehe Krause, Commerzbank, S. 81ff. Die Teilinstitute der Commerzbank waren die Mitteldeutsche Creditbank in Frankfurt am Main (für Hessen), der Bankverein

für Württemberg-Baden in Stuttgart (für Württemberg-Baden), die Bayerische Disconto-Bank in Nürnberg (für Bayern), die Bremer Handelsbank in Bremen (für Bremen), die Mittelrheinische Bank in Mainz (für Rheinland-Pfalz), der Bankverein Westdeutschland in Düsseldorf (für Nordrhein-Westfalen), die Hansa-Bank in Hamburg (für Hamburg), die Merkur-Bank in Hannover (für Niedersachsen), die Holsten-Bank in Kiel (für Schleswig-Holstein).

114 Siehe Dresdner Bank AG, 120 Jahre Dresdner Bank, S. 145ff. Hierzu zählten folgende Teilinstitute: Lübecker Bank für Handel und Industrie (für Schleswig Holstein), Hamburger Kreditbank (für Hamburg), Niederdeutsche Bankgesellschaft in Hannover (für Niedersachsen), Bremer Bank (für Bremen), Rhein-Ruhr Bank in Düsseldorf (für Nordrhein-Westfalen), Rhein-Main Bank in Frankfurt a. M. (für Hessen), Industrie- und Handelsbank in Mainz (für Rheinland-Pfalz), Allgemeine Bankgesellschaft in Stuttgart und Mannheim (für Nord-Württemberg/Nord-Baden), Süddeutsche Kreditanstalt in Freiburg (für Süd-Baden), Bankanstalt für Württemberg und Hohenzollern in Reutlingen (für Süd-Württemberg/Hohenzollern), Bayerische Bank für Handel und Industrie in München (für Bayern).

115 Siehe Krause, Commerzbank, S. 89ff.; siehe auch Dresdner Bank AG, 120 Jahre Dresdner Bank, S. 154ff.

116 Siehe Luh, Betriebssport in Deutschland, S. 12f.

117 Siehe Dresdner Bank AG, 120 Jahre Dresdner Bank, S. 153.

118 Siehe Krause, Commerzbank, S. 92ff.

119 Siehe HAC-S3/E33, Sportfest 1952. Herrn Direktor Höfermann in dankbarer Erinnerung überreicht vom Sportklub B.B.V. 1928 (Fotoalbum); siehe auch HAC-S3/E10, Jubiläums-Sportfest des Sportklubs B.B.V. 1928 am 12. Sept. 1953 (Fotoalbum).

120 Siehe Mitarbeiter-Information der Commerzbank AG (1979), Nr. 4, S. 13.

121 Siehe Statistik über Mitgliederzahlen und Gründungsjahre der Betriebssportgesellschaften (BSG) innerhalb der Commerzbank.

122 Siehe Bank für Handel und Industrie AG, Festschrift „50 Jahre Sport-Vereinigung Dresdenia Berlin e.V.", S. 5ff.; siehe auch Bank für Handel und Industrie AG, Festschrift „40 Jahre Sport-Vereinigung Dresdenia Berlin e.V.", S. 3ff.

123 Siehe Sport im Betrieb Hamburg (1957), Nr. 12, S. 2ff.

124 Siehe HAC-500/S6, Vorstandsmitglieder und Gründungsjahr der Vereinigung der Sportgemeinschaften der Dresdner Bank Aktiengesellschaft.

125 Dresdner Bank AG, Jubiläumsreport 1928–2003. 75 Jahre Sportgemeinschaft Dresdner Bank in Düsseldorf, S. 17.

126 Siehe Dresdner Bank AG, 120 Jahre Dresdner Bank, S. 415.

127 Siehe Dresdner Bank AG, Jubiläumsreport 1928–2003. 75 Jahre Sportgemeinschaft Dresdner Bank in Düsseldorf, Gründungsprotokoll (07.02.1951), S. 18; siehe auch Aktivitäten der frühen 50er Jahre, S. 20; Fußball, S. 39.

128 Siehe Dresdner Bank AG, Jubiläumsreport 1928–2003. 75 Jahre Sportgemeinschaft Dresdner Bank in Düsseldorf, Vergleichswettkämpfe Hamburg-Düsseldorf am 21. Mai 1960, S. 22ff.

129 Siehe Wir. Zeitung für die Mitarbeiter der Dresdner Bank und ihrer Töchterbanken (1968), Nr. 10, S. 7.

130 HAC-500/S6, Sportgemeinschaft der Dresdner Bank AG in Osnabrück 1954–1979.

131 Zeitzeugeninterview mit Herrn Lothar Wagner in der Geschäftsstelle der Eugen-Gutmann-Gesellschaft e.V. in Frankfurt am Main (17.02.2016).

132 Sport im Betrieb. Das Journal der Dresdner Sport FFM (2005), Nr. 1, S. 15.

133 Siehe Wir (1967), Nr. 1, S. 8; siehe auch Wir (1969), Nr. 15, S. 9.

134 Siehe Wir (1969), Nr. 16, S. 4.

135 Siehe ebd.

136 Ebd.

137 HAC-500/S6, Sportgemeinschaft der Dresdner Bank AG in Osnabrück 1954–1979. Damenkegeln.

138 Dresdner Bank AG, 120 Jahre Dresdner Bank, S. 326.

139 Siehe Sport im Betrieb (2005), Nr. 1, S. 24.

140 Siehe Wir (1979), Nr. 83, S. 12ff.

141 Siehe Sport im Betrieb (2008), Nr. 5, S. 35.

142 Siehe Wagner, Lothar P., Betriebssport – ist (soll) er Bestandteil der Unternehmenskultur (sein)? Nach meiner Überzeugung auf jeden Fall!, in: Dresdner Bank Alumni e.V. (Hrsg.), DreBuch. Zur Unternehmenskultur der Dresdner Bank, Frankfurt a. M. 2014, S. 233.

143 Siehe Sport im Betrieb (2008), Nr. 5, S. 35.

144 Siehe Dresdner Bank AG, 120 Jahre Dresdner Bank, S. 326f.

145 Siehe Dresdner Bank AG (1974), „50 Jahre S.V. Dresdenia", S. 5.

146 Siehe HAC-500/S6, Mitgliederzahlen der Sportgemeinschaften der Niederlassungsbereiche (1976 bis 1979).

147 Siehe dresdner banker. Das Mitarbeitermagazin der Dresdner Bank-Gruppe (2009), Nr. 276, S. 71.

148 Siehe HAC-500/S6, Vorstandsmitglieder und Gründungsjahr der Vereinigung der Sportgemeinschaften der Dresdner Bank Aktiengesellschaft.

149 Siehe HAC-500/S6, Mitgliederzahlen der Sportgemeinschaften der Niederlassungsbereiche (1976 bis 1979).

150 Siehe HAC-500/S6, Statut der Sportgemeinschaften der Dresdner Bank AG und ihrer Tochtergesellschaften (15.09.1978); siehe auch HAC-500/S6, Verzeichnis der Sportdisziplinen der Mitglieder der Vereinigung der Sportgemeinschaften der Dresdner Bank AG und ihrer Tochtergesellschaften (18.05.1979).

151 Siehe Mitarbeiter-Information der Commerzbank AG (1976), Nr. 2, S. 4.

152 Siehe HAC-400/275, Zuschüsse der Bank zum Betriebssport (23.11.1979).

153 HAC-400/275, § 1 der Mustersatzung (Stand Dezember 1976).

154 Siehe HAC-400/275, Betriebssport in der Commerzbank (Stand November 1979).

155 Siehe Mitarbeiter-Information der Commerzbank AG (1977), Nr. 3, S. 9 u. 12.

156 Siehe HAC-400/275, Zusätzliche Personalversicherung bei der Ausübung von Sport, der von der Bank veranstaltet wird (09.06.1976).

157 Siehe Statistik über Mitgliederzahlen und Gründungsjahre der Betriebssportgesellschaften (BSG) innerhalb der Commerzbank.

158 Siehe Mitarbeiter-Information der Commerzbank AG (1979), Nr. 2, S. 12.

159 Siehe Commerzielles. Informationen für Mitarbeiter und Pensionäre der Commerzbank (1982), Nr. 4, S. 21.

160 Siehe Commerzielles (1986), Nr. 4, S. 9.

161 Siehe Mitarbeiter-Information der Commerzbank AG (1979), Nr. 1, S. 11f.

162 Siehe Commerzielles (1984), Nr. 4, S. 28.

163 Siehe Mitarbeiter-Information der Commerzbank AG (1977), Nr. 4, S. 13; (1978), Nr. 4, S. 10f.

164 Siehe Mitarbeiter-Information der Commerzbank AG (1979), Nr. 3, S. 13.

165 Siehe Krause, Commerzbank, S. 118ff.

166 Ebd., S. 123.

167 Siehe Mitarbeiter-Information der Commerzbank AG (1978), Nr. 3, S. 7ff.

168 Commerzielles (1980), Nr. 3, S. 8f.

169 Siehe Mitarbeiter-Information der Commerzbank AG (1977), Nr. 2, S. 6ff.; siehe auch Commerzielles (1982), Nr. 2, S. 17.

170 Siehe Wir (1972), Nr. 30, S. 3.

171 Siehe Wir (1974), Nr. 43, S. 4.

172 Siehe Wir (1978), Nr. 69, S. 14.

173 Siehe Wir (1979), Nr. 85, S. 16f.

174 Siehe HAC-500/S6, Verzeichnis der Sportdisziplinen der Mitglieder der Vereinigung der Sportgemeinschaften der Dresdner Bank AG und ihrer Tochtergesellschaften (18.05.1979).

175 Siehe Sport im Betrieb. Das Journal der Allianz Dresdner Sport FFM (2008), Nr. 4, S. 24/25.

176 Siehe Sport im Betrieb (2005), Nr. 1, S. 26.

177 Sport im Betrieb (2008), Nr. 5, S. 10.

178 Siehe ebd., S. 10f; siehe auch Sport im Betrieb (2005), Nr. 10, S. 27.

179 Siehe Wir (1978), Nr. 73, S. 20; siehe auch Sport im Betrieb (2008), Nr. 5, S. 43.

180 Siehe Wagner, Betriebssport, S. 235; siehe auch Sport im Betrieb (2008), Nr. 5, S. 48; Frankfurter Rudergesellschaft Germania 1869 e.V., „Die Germania". Clubnachrichten Oktober 2001, Frankfurt a. M. 2001, S. 10.

181 Wagner, Betriebssport, S. 235.

182 Siehe ebd., S. 233.

183 Siehe ebd., S. 234; siehe auch Dresdner Bank AG, 120 Jahre Dresdner Bank, S. 343ff.

184 Siehe Dresdner Bank AG, 120 Jahre Dresdner Bank, S. 336.

185 Siehe Wagner, Betriebssport, S. 233ff.; Zeitzeugeninterview mit Herrn Lothar Wagner in der Geschäftsstelle der Eugen-Gutmann-Gesellschaft e.V., Frankfurt am Main (17.02.2016).

186 Siehe Wir (1980), Nr. 91, S. 19.

187 HAC-500/118790, Friderichs, Hans, Sport und Wirtschaft, in: Schimmelpfeng Review (1982), Nr. 29, S. 12.

188 Zeitzeugeninterview mit Herrn Lothar Wagner in der Geschäftsstelle der Eugen-Gutmann-Gesellschaft e.V., Frankfurt am Main (17.02.2016).

189 HAC-500/118790, Wilhelm, Winfried, Der Hallesche Komet, in: Sonderdruck aus Manager Magazin (1987), Nr. 6.

190 Siehe Sport im Betrieb (2008), Nr. 10, S. 20.

191 Siehe HAC-500/S6, Fotoalben der Golf-Meisterschaften in Kronberg (15.10. 1973), in Königstein (08.07.1980) und in Frankfurt-Niederrad (06.07.1981).

192 Siehe HAC-500/112170, Turnier um den Alfred-Hölling-Wanderpokal 1987; siehe auch HAC-500/118790, Wilhelm, Winfried, Der Hallesche Komet, in: Sonderdruck aus Manager Magazin (1987), Nr. 6.

193 Wagner, Betriebssport, S. 234f.

194 Siehe Sport im Betrieb (2005), Nr. 10, S. 13.

195 HAC-500/118790, Schoenian, Tetry, Sportengagement mit dem Grünen Band. Interview mit Dr. Wolfang Röller, in: Exclusiv Journal (1990), Nr. 2, S. 45.

196 Siehe ebd, S. 43; siehe auch Dresdner Bank AG, 120 Jahre Dresdner Bank, S. 311.

197 Der Deutsche Olympische Sportbund (DOSB) ist aus dem Zusammenschluss des Deutschen Sportbunds und des Nationalen Olympischen Komitees für Deutschland im Jahr 2006 hervorgegangen.

198 Siehe Commerzbank AG (2016), Sponsoring. Das Grüne Band, Homepage: https://www.commerzbank.de/de/hauptnavigation/konzern/sponsoring/13_das_g ruene_band_1/das_gruene_band_1.html (Letzter Zugriff am 03.03.2017).

199 Siehe Commerzbank AG (2016), Sponsoring. Drumbo-Cup, Homepage: https://www.commerzbank.de/de/hauptnavigation/konzern/sponsoring/11_drum bo_cup/drumbo_cup.html (Letzter Zugriff am 03.03.2017); siehe auch Görke,

André, Der kleine Elefant verneigt sich vor dem Drumbo-Cup-Erfinder, in: Der Tagesspiegel (15.11.2013), Homepage: http://www.tagesspiegel.de/berlin/hans-juergen-bartsch-ist-tot-der-kleine-elefant-verneigt-sich-vor-dem-drumbo-cup-erfinder/9083040.html (Letzter Zugriff am 03.03.2017).

200 Siehe Der Commerzbank-Blog, Sympathieträger mit Rüssel (02.01.2014), Home-page: https://blog.commerzbank.de/verantwortung-erleben/14q1/entwicklung-drumbo-und-goldi.html (Letzter Zugriff am 03.03.2017).

201 Siehe Wir (1974), Nr. 44, S. 1 und 10f.

202 Siehe Wir (1990), Nr. 150, S. 11.

203 Siehe Commerzielles (1981), Nr. 4, S. 23.

204 Siehe Dresdner Bank AG, 120 Jahre Dresdner Bank, S. 349f.; siehe auch Krause, Commerzbank, S. 155f.; Wir (1990), Nr. 150, S. 3.

205 Siehe Dresdner Bank AG, 120 Jahre Dresdner Bank, S. 383.

206 Siehe Wir (1992), Nr. 165, S. 35.

207 Siehe Wir (1992), Nr. 163, S. 17.

208 Siehe Wir (1992), Nr. 165, S. 32ff.

209 Siehe Krause, Commerzbank, S. 154ff.

210 Siehe Commerzielles (1992), Nr. 3, S. 21.

211 Siehe Commerzielles (1993), Nr. 1, S. 24.

212 Siehe Commerzielles (1993), Nr. 2, S. 26.

213 Siehe Commerzielles (1992), Nr. 3, S. 23f.

214 Siehe HAC-400/845, Prospekt: Commerzbank-Collection für Freizeit und Sport (1995).

215 Siehe Commerzielles (1992), Nr. 3, S. 23.

216 Siehe Commerzielles (1984), Nr. 1, S. 23.

217 Siehe Commerzielles (1985), Nr. 1, S. 27.

218 Siehe Commerzielles (1993), Nr. 2, S. 26.

219 Siehe Sport im Betrieb (2008), Nr. 5, S. 38f.; siehe auch JP Morgan Corporate Challenge (2016), Homepage: http://www.jpmccc.de/?m=606016 (Letzter Zugriff am 09.03.2017).

220 Siehe Commerzielles (1983), Nr. 4, S. 23.

221 Siehe Sport im Betrieb (2007), Nr. 3, S. 4f.

222 Siehe Sport im Betrieb (2008), Nr. 5, S. 38f.

223 Siehe Sport im Betrieb (2007), Nr. 2, S. 4f.

224 Siehe Sport im Betrieb (2010), Nr. 7, S. 33.

225 Siehe Sport im Betrieb (2007), Nr. 2, S. 44

226 Siehe Sport im Betrieb (2008), Nr. 5, S. 33.

227 Siehe Sport im Betrieb (2008), Nr. 5, S. 33.

228 Siehe Sport im Betrieb (2007), Nr. 3, S. 4f.

229 Siehe Sport im Betrieb (2007), Nr. 2, S. 6f.

230 Siehe Sport im Betrieb (2010), Nr. 5, S. 6. Unterstützt wird der Sportbeirat bis heute auch von Martina Birkenfeld, Geschäftsführerin für Sport und seit 2011 Spezialistin für Gesundheitsmanagement bei der Commerzbank, die zuvor lange Jahre als Geschäftsführerin der Dresdner Sport Frankfurt und der Vereinigung der Sportgemeinschaften der Dresdner Bank AG sowie als Leiterin der Sport-geschäftsstelle fungierte (siehe auch Sport im Betrieb (2008), Nr. 5, S. 40f.).

231 Siehe Commerzbank AG (2016), Mitarbeiter, Homepage: https://www.commerz-bank.de/de/nachhaltigkeit/governance/mitarbeiter/gesunde_mitarbeiter/ge-sunde_mitarbeiter.html (Letzter Zugriff am 18.03.2017).

232 Siehe Satzung der BSG Commerzbank Frankfurt/Main (Stand 29.09.2010).

233 Siehe Sport im Betrieb (2010), Nr. 5, S. 32f.

234 Siehe Commerzbank AG (2015), Comnet. Intranet der Commerzbank AG, Sport-Frankies (http://comnet.intranet.commerzbank.com/comnet/de/zentrale_1/personal_5/gesundheitsmanagementneu/bewegung/betriebssport/service/sport_frankies/sport_frankies.jsp - Letzter Zugriff am 02.03.2017).

235 Martin Blessing war seit Mai 2008 Vorstandssprecher und von Mai 2009 bis Ende März 2016 Vorstandsvorsitzender der Commerzbank AG (Siehe Krause, Commerzbank, S. 197).

236 Sport im Betrieb (2010), Nr. 5, S. 8f.

237 Siehe Commerzbank AG (2013), Facebook-Seite „ComGames 2013", Homepage: https://de-de.facebook.com/ComGames2013 (Letzter Zugriff am 29.03.2016).

238 Siehe Commerzbanker. Unser Mitarbeitermagazin (2015), Nr. 4, S. 40ff.

239 Siehe Commerzbank AG (2015), Comnet. Intranet der Commerzbank AG, Nachbericht ComGames. Fairness im Mittelpunkt der ComGames 2015 (http://comnet.intranet.commerzbank.com/comnet/de/zentrale_1/personal_5/gesundheitsmanagementneu/bewegung/betriebssport/comgames2013/comgames_nachbericht.jsp – Letzter Zugriff am 02.03.2017).

240 Ebd.

241 Siehe https://www.commerzbanker.commerzbank.de/de/colleagues/q3_2/comgames_hamburg (Letzter Zugriff am 05.07.2017)

242 Siehe Commerzbank AG, Geschäftsbericht der Commerzbank AG 2015, Frankfurt a.M. 2016, S. 81.

243 Siehe https://www.commerzbanker.commerzbank.de/de/colleagues/q3_2/europaeischebetriebe (Letzter Zugriff am 14.07.2017).

244 Interview mit Martina Birkenfeld in den Geschäftsräumen der Commerzbank AG, Frankfurt am Main (18.02.2016).

245 Siehe http://comnet.intranet.commerzbank.com/comnet/de/zentrale_1/servicesteuerung/unternehmenskommunikation/default_startpage_2/sponsoring/07_eintrachtfrankfurt/startseite_919.jsp (Letzter Abruf am 09.10.2017); http://comnet.intranet.commerzbank.com/comnet/de/zentrale_1/servicesteuerung/unternehmenskommunikation/default_startpage_2/sponsoring/09_1ffcfrankfurt/startseite_920.jsp (Letzter Abruf am 09.10.2017).

246 Siehe http://comnet.intranet.commerzbank.com/comnet/de/zentrale_1/servicesteuerung/unternehmenskommunikation/default_startpage_2/sponsoring/05_commerzbankarena/startseite_918.jsp (Letzter Abruf am 09.10.2017).

247 Siehe Krause, Commerzbank, S. 196; ferner http://comnet.intranet.commerzbank.com/comnet/de/zentrale_1/servicesteuerung/unternehmenskommunikation/default_startpage_2/sponsoring/01_dfbpartnerschaft/startseite_913.jsp (Letzter Abruf am 09.10.2017).

248 Siehe http://comnet.intranet.commerzbank.com/comnet/de/zentrale_1/servicesteuerung/unternehmenskommunikation/default_startpage_2/sponsoring/10_drumbocup/startseite_drumbocup.jsp (Letzter Abruf am 09.10.2017).

Literatur- und Quellenverzeichnis

Literatur

Ahrens, Ralf, Hundert Jahre im Westen. Commerzbank und Dresdner Bank im Ruhrgebiet und in Düsseldorf 1917–2017 (Publikationen der Eugen-Gutmann-Gesellschaft, Bd. 11), Dresden 2017.

Bähr, Johannes/Rudolph, Bernd, Finanzkrisen 1931 und 2008, München 2011.

Bähr, Johannes, Die Dresdner Bank in der Wirtschaft des Dritten Reichs, München 2006.

Bernett, Hajo, Nationalistischer Volkssport bei „Kraft durch Freude", in: Gertrud Pfister (Hrsg.), Zwischen Arbeitnehmerinteressen und Unternehmenspolitik. Zur Geschichte des Betriebssports in Deutschland, Sankt Augustin 1999, S. 71–103.

Brogatzky, Christine, Sportplatz Sadowa der Dresdner Bank in der Wuhlheide, Berlin 2012.

Dresdner Bank AG (Hrsg.), 120 Jahre Dresdner Bank. Unternehmens-Chronik 1872 bis 1992, Frankfurt a. M. 1992.

Dresdner Bank Alumni e.V. (Hrsg.), DreBuch. Zur Unternehmenskultur der Dresdner Bank, Frankfurt a. M. 2014.

Frankfurter Rudergesellschaft Germania 1869 e.V., „Die Germania". Clubnachrichten Oktober 2001, Frankfurt a. M. 2001.

Frese, Matthias, Nationalsozialistische Vertrauensräte. Zur Betriebspolitik im „Dritten Reich", in: Gewerkschaftliche Monatshefte 43 (1992), Nr. 4/5, S. 281–297.

Friderichs, Hans, Sport und Wirtschaft, in: Schimmelpfeng Review (1982), Nr. 29, S. 10–12.

Görke, André, Der kleine Elefant verneigt sich vor dem Drumbo-Cup-Erfinder, in: Der Tagesspiegel (15.11.2013), Homepage: http://www.tagesspiegel.de/berlin/hans-juergen-bartsch-ist-tot-der-kleine-elefant-verneigt-sich-vor-dem-drumbo-cup-erfin-der/9083040.html (Letzter Zugriff am 03.03.2017).

Gutmann, Herbert M., Golf, in: Querschnitt 7 (1927), Nr. 5, S. 373–374.

Henke, Klaus Dietmar (Hrsg.), Die Dresdner Bank im Dritten Reich (vier Bände), München 2006.

Joch, Winfried, Sport und Leibeserziehung im Dritten Reich, in: Horst Ueberhorst (Hrsg.), Geschichte der Leibesübungen Bd. 3/2:

Leibesübungen und Sport in Deutschland vom Ersten Weltkrieg bis zur Gegenwart, Berlin 1982, S. 701–742.

Krause, Detlef, Commerzbank 1870-2010. Eine Zeitreise (Publikationen der Eugen-Gutmann-Gesellschaft, Band 5), Dresden 2010.

Luh, Andreas, Betriebssport in Deutschland. Entwicklung und Struktur vom Kaiserreich bis zur Gegenwart, in: Gertrud Pfister (Hrsg.), Zwischen Arbeitnehmerinteressen und Unternehmenspolitik. Zur Geschichte des Betriebssports in Deutschland, Berlin 1987, S. 7–17.

Luh, Andreas, Chemie und Sport am Rhein. Sport als Bestandteil betrieblicher Sozialpolitik und unternehmerischer Marketingstrategie bei Bayer 1900–1985 (= Bochumer Beiträge zur Sportwissenschaft Bd. 2), Bochum 1992.

Niewerth, Toni, Von der Lustyacht zum Faltboot. Wassersport in Berlin, in: Gertrud Pfister/Gerd Steins (Hrsg.), Sport in Berlin. Vom Ritterturnier zum Stadtmarathon, Berlin 1987, S. 36–55.

Peyton, Christine, Sportstadt Berlin, in: Gertrud Pfister/Gerd Steins (Hrsg.), Sport in Berlin. Vom Ritterturnier zum Stadtmarathon, Berlin 1987, S. 96-123.

Pfister, Gertrud (Hrsg.), Zwischen Arbeitnehmerinteressen und Unternehmenspolitik. Zur Geschichte des Betriebssports in Deutschland, Sankt Augustin 1999.

Pfister, Gertrud, „Stählung der Arbeitnehmerschaft ist Stärkung der Wirtschaft"? Zur Organisation und Ideologie des Betriebssports in Berlin (1880 bis 1933), in: Dies. (Hrsg.), Zwischen Arbeitnehmerinteressen und Unternehmenspolitik. Zur Geschichte des Betriebssports in Deutschland, Sankt Augustin 1999, S. 18–44.

Pfister, Gertrud/Mosberger, Elke, Sport auf dem grünen Rasen. Fußball und Leichtathletik, in: Gertrud Pfister/Gerd Steins (Hrsg.), Sport in Berlin. Vom Ritterturnier zum Stadtmarathon, Berlin 1987, S. 68–95.

Pfister, Gertrud/Steins, Gerd (Hrsg.), Sport in Berlin. Vom Ritterturnier zum Stadtmarathon, Berlin 1987.

Quanz, Dietrich R., Große weite Welt in Wannsee. Modernisierung des deutschen Golfsports, in: Vivian J. Rheinheimer (Hrsg.), Herbert M. Gutmann. Bankier in Berlin. Bauherr in Potsdam. Kunstsammler, Leipzig 2007, S. 159–166.

Rheinheimer, Vivian J. (Hrsg.), Herbert M. Gutmann. Bankier in Berlin. Bauherr in Potsdam. Kunstsammler, Leipzig 2007.

Rheinheimer, Vivian J., Behaltet mich in guter Erinnerung. Herbert M. Gutmann – eine Lebensbeschreibung, in: Dies. (Hrsg.), Herbert M. Gutmann. Bankier in Berlin. Bauherr in Potsdam. Kunstsammler, Leipzig 2007, S. 9–34.

Rossol, Nadine, Politische Symbolik bei Massenveranstaltungen des deutschen Sports zwischen den Weltkriegen, in: Frank Becker/Ralf Schäfer (Hrsg.), Die Spiele gehen weiter. Profile und Perspektiven der Sportgeschichte, Frankfurt 2014, S. 27–48.

Rürup, Reinhard, 1936. Die Olympischen Spiele und der Nationalsozialismus. The Olympic Games and National Socialism, Berlin 1997.

Schlütz, Frauke, „Ein gediegener & solider Mann". Die Vorstandssprecher der Commerzbank von 1870 bis 2008 (Publikationen der Eugen-Gutmann-Gesellschaft, Band 9), Dresden 2016.

Schoenian, Tetry, Sportengagement mit dem Grünen Band. Interview mit Dr. Wolfang Röller, in: Exclusiv Journal (1990), Nr. 2, S. 43–45.

Ueberhorst, Horst (Hrsg.), Geschichte der Leibesübungen Bd. 3/2: Leibesübungen und Sport in Deutschland vom Ersten Weltkrieg bis zur Gegenwart, Berlin 1982.

Wagner, Lothar P., Betriebssport – ist (soll) er Bestandteil der Unternehmenskultur (sein)? Nach meiner Überzeugung auf jeden Fall!, in: Dresdner Bank Alumni e.V. (Hrsg.), DreBuch. Zur Unternehmenskultur der Dresdner Bank, Frankfurt a. M. 2014, S. 233–236.

Weihe, Thomas, Die Personalpolitik der Filialgroßbanken 1919–1945. Interventionen, Anpassung, Ausweichbewegungen, Stuttgart 2005.

Winkel, Harald, Auf Rekordjagd. Betriebssport in der Weimarer Republik, Norderstedt 2008.

Ziegler, Dieter, Die Dresdner Bank und die deutschen Juden, München 2006.

Quellen

Bank für Handel und Industrie AG, Festschrift „40 Jahre Sport-Vereinigung Dresdenia Berlin e.V.", Berlin 1964.

Bank für Handel und Industrie AG, Festschrift „50 Jahre Sport-Vereinigung Dresdenia Berlin e.V.", Berlin 1974.

Betriebs-Echo. Werkzeitung für die Betriebsgemeinschaft der Dresdner Bank (1935–1938).

Commerzbanker. Unser Mitarbeitermagazin (2015), Nr. 4.

Commerzielles. Informationen für Mitarbeiter und Pensionäre der Commerzbank (1980–1993).

D.B.S. Nachrichtenblatt, in: Monatliche Mitteilungen des Dresdner Bank Sportvereins in Frankfurt a. M. (1931), Nr. 2.

Deutsche Bauzeitung (28. Juni 1930), Nr. 52, S. 401–409.

Dresdner Bank AG, Festschrift „10 Jahre Ruder-Club Dresdner Bank e.V. Berlin", Berlin 1934.

Dresdner Bank AG, Jubiläumsreport 1928–2003. 75 Jahre Sportgemeinschaft Dresdner Bank in Düsseldorf, Düsseldorf 2003.

dresdner banker. Das Mitarbeitermagazin der Dresdner Bank-Gruppe (2009), Nr. 276.

HAC-400/845, Prospekt Commerzbank Collection für Sport und Freizeit (1995).

HAC-400/275, § 1 der Mustersatzung (Stand Dezember 1976).

HAC-400/275, Betriebssport in der Commerzbank (Stand November 1979).

HAC-400/275, Zusätzliche Personalversicherung bei der Ausübung von Sport, der von der Bank veranstaltet wird (09.06.1976).

HAC-400/275, Zuschüsse der Bank zum Betriebssport (23.11.1979).

HAC-500/112170, Turnier um den Alfred-Hölling-Wanderpokal 1987.

HAC-500/118790, Schoenian, Tetry, Sportengagement mit dem Grünen Band. Interview mit Dr. Wolfang Röller, in: Exclusiv Journal (1990), Nr. 2, S. 43–45.

HAC-500/118790, Wilhelm, Winfried, Der Hallesche Komet, in: Sonderdruck aus Manager Magazin (1987), Nr. 6.

HAC-500/120077, Sport bei der Dresdner Bank.

HAC-500/120852, Schreiben der Sportvereinigung Dresdenia Berlin e.V. an Herrn Dr. Pilder; Ehrenkarte zum SVDB-Fest.

HAC-500/50317-2001, Schreiben des Betriebssportwarts an die Direktion der Dresdner Bank (28.1.1943 u. 15.3.1944).

HAC-500/50317-2001, Voranschlag für den Sportbetrieb in der Dresdner Bank für das Jahr 1942.

HAC-500/S6, Fotoalben der Golf-Meisterschaften in Kronberg (15.10.1973), Königstein (08.07.1980) und Frankfurt-Niederrad (06.07.1981).

HAC-500/S6, Sportgemeinschaft der Dresdner Bank AG in Osnabrück 1954–1979.

HAC-500/S6, Mitgliederzahlen der Sportgemeinschaften der Niederlassungsbereiche (1976 bis 1979).

HAC-500/S6, Statut der Sportgemeinschaften der Dresdner Bank AG und ihrer Tochtergesellschaften (15.09.1978).

HAC-500/S6, Verzeichnis der Sportdisziplinen der Mitglieder der Vereinigung der Sportgemeinschaften der Dresdner Bank AG und ihrer Tochtergesellschaften (18.05.1979).

HAC-500/S6, Vorstandsmitglieder und Gründungsjahre der Vereinigung der Sportgemeinschaften der Dresdner Bank Aktiengesellschaft.

HAC-S3/A102/1, Der Arbeitskamerad (1934).

HAC-S3/A102/3, Der Arbeitskamerad (1935–1937).

HAC-S3/A102/4, Der Arbeitskamerad (1938–1939).

HAC-S3/A102/5, Der Arbeitskamerad (1940–1944).

HAC-S3/E10, Jubiläums-Sportfest des Sportklubs B.B.V. 1928 am 12. Sept. 1953 (Fotoalbum).

HAC-S3/E31, Zum 15. August 1939. Die Betriebsgemeinschaft der Commerz- und Privat-Bank AG, Filiale Düsseldorf (Fotoalbum).

HAC-S3/E33, Sportfest 1952. Herrn Direktor Höfermann in dankbarer Erinnerung überreicht vom Sportklub B.B.V. 1928 (Fotoalbum).

HAC-S3/E9, Aus Freizeit und Sport der Betriebsgemeinschaft der Commerzbank in Düsseldorf um 1941 (Fotoalbum).

Interview mit Martina Birkenfeld in den Geschäftsräumen der Commerzbank AG, Frankfurt an Main (18.02.2016).

Mitarbeiter-Information der Commerzbank AG (1976–1979).

Satzung der BSG Commerzbank Frankfurt/Main (Stand 29.09.2010).

Satzungen und Geschäftsordnung des Dresdner Bank Sportvereins (D.B.S.) in Frankfurt a. M. (1930).

Sport im Betrieb. BSG Commerzbank Frankfurt/Main (2010).

Sport im Betrieb. Das Journal der Allianz Dresdner Sport FFM (2007–2008).

Sport im Betrieb. Das Journal der Dresdner Sport FFM (2005–2006).

Sport im Betrieb. Hamburg (1957), Nr. 12.

Statistik über Mitgliederzahlen und Gründungsjahre der Betriebssportgesellschaften (BSG) innerhalb der Commerzbank.

Wir. Zeitung für die Mitarbeiter der Dresdner Bank und ihrer Tochterbanken (1967–1992).

Zeitzeugeninterview mit Herrn Lothar Wagner in der Geschäftsstelle der Eugen-Gutmann-Gesellschaft e.V., Frankfurt am Main (17.02. 2016).

Bildnachweis

dagobert 1313	S. 120
Golf- und Land-Club Berlin-Wannsee e.V., Berlin	S. 9
Hauptstaatsarchiv Dresden	S. 30
ullstein bild, Berlin	S. 8

Alle anderen Abbildungen stammen aus dem Historischen Archiv der Commerzbank.
Bei einigen Bildern konnten die Inhaber der Rechte nicht ermittelt werden.
Berechtigte Ansprüche werden selbstverständlich, nach marktgültigen Tarifen, abgegolten.

Bildrecherche: Dr. Detlef Krause, Dr. Katrin Lege

Herausgeber

Eugen-Gutmann-Gesellschaft e.V.
Vorstandsvorsitzender: Dr. Detlef Krause
Vorsitzender des Kuratoriums: Andreas de Maizière
Sitz: Dresden
Geschäftsstelle: Moselstraße 4, 60329 Frankfurt am Main
Telefon: 069 / 136 – 832 68, Fax: 069 / 136 – 832 66
E-Mail: egg@commerzbank.com
Homepage: www.eugen-gutmann-gesellschaft.de

Redaktion: Dr. Detlef Krause und Dr. Katrin Lege, Frankfurt am Main

© 2018 Eugen-Gutmann-Gesellschaft e.V.
Gesamtgestaltung und Satz: Annett Jana Berndt, Radebeul
Druck und buchbinderische Verarbeitung: Henrich Druck + Medien GmbH, Frankfurt am Main
Nachdruck, auch auszugsweise, nicht gestattet.
Printed in Germany.

ISBN 978-3-943407-97-6

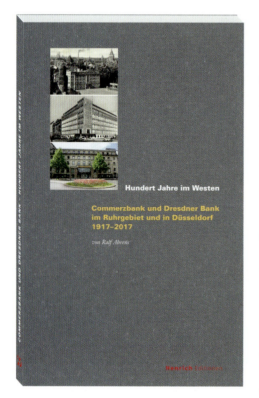

Ralf Ahrens

Hundert Jahre im Westen

Commerzbank und Dresdner Bank im Ruhrgebiet und in Düsseldorf 1917–2017

Publikationen der
Eugen-Gutmann-Gesellschaft e.V.,
Band 11, Dresden 2017

Fast gleichzeitig begannen vor hundert Jahren zwei Berliner Großbanken, das Netz ihrer Niederlassungen zügig nach Westdeutschland auszudehnen. Die Commerzbank und die 2009 von ihr übernommene Dresdner Bank etablierten sich dabei insbesondere in den größeren Städten des Ruhrgebiets, das in der zweiten Hälfte des 19. Jahrhunderts zur wichtigsten deutschen Industrieregion aufgestiegen war, und des angrenzenden Rheinlands. Die vorliegende Publikation zeichnet den Weg beider Banken in dieser bedeutenden Wirtschaftsregion vom Ersten Weltkrieg bis ins 21. Jahrhundert nach.

Ralf Ahrens studierte Geschichte, Politikwissenschaft und Volkswirtschaftslehre an den Universitäten Frankfurt am Main und Freiburg im Breisgau. Er wurde im Fach Wirtschafts- und Sozialgeschichte an der Technischen Universität Dresden promoviert und ist seit 2009 wissenschaftlicher Mitarbeiter am Zentrum für Zeithistorische Forschung Potsdam. Seine Forschungsschwerpunkte liegen in der Wirtschafts- und Unternehmensgeschichte des 20. Jahrhunderts.

Detlef Krause, Katrin Lege,
Ulrike Zimmerl

Die Commerzbank am Neß in Hamburg

140 Jahre Baugeschichte in Bildern

Publikationen der
Eugen-Gutmann-Gesellschaft e.V.,
Band 10, Dresden 2017

Die Commerzbank verabschiedet sich vom Neß. Nach der Gründung im Jahr 1870 als „Commerz- und Disconto-Bank in Hamburg" bezog die Bank 1874 den von Martin Haller geplanten Neubau am Neß. Dieses „Stammhaus" und später auch das Gebäude am Brodschrangen standen viele Jahrzehnte lang symbolisch für die Commerzbank in der Hansestadt Hamburg.

Mit dieser Dokumentation erinnert die Eugen-Gutmann-Gesellschaft an ein wichtiges Kapitel der Architekturgeschichte in der Hansestadt. Zahlreiche Abbildungen und Bauzeichnungen veranschaulichen die Entwicklungen und Veränderungen an dem Gebäude-Ensemble in den letzten 140 Jahren.

Dr. Detlef Krause ist Vorstandsvorsitzender, Dr. Katrin Lege ist Geschäftsführerin der Eugen-Gutmann-Gesellschaft e.V. Sie betreuen gemeinsam die Herausgabe und Redaktion der wissenschaftlichen Schriftenreihe.

Dr. Ulrike Zimmerl studierte Geschichte und Kunstgeschichte in Wien. Sie ist Leiterin der „Historical Section" der UniCredit Bank Austria AG. Ihre Forschungsschwerpunkte sind neben Wirtschafts- und Bankengeschichte die Architekturgeschichte sowie der Wohn- und Siedlungsbau in Österreich.